红色文化资源融入
高校思想政治教育研究

纪安玲 ◎ 著

线装书局

图书在版编目（CIP）数据

红色文化资源融入高校思想政治教育研究/纪安玲著. ---北京：线装书局，2023.5
ISBN 978-7-5120-5446-2

Ⅰ.①红… Ⅱ.①纪… Ⅲ.①高等学校－革命传统教育－研究－中国②高等学校－思想政治教育－研究－中国 Ⅳ.①G641

中国国家版本馆CIP数据核字（2023）第078595号

红色文化资源融入高校思想政治教育研究
HONGSE WENHUA ZIYUAN RONGRU GAOXIAO SIXIANG ZHENGZHI JIAOYU YANJIU

编　　者：	纪安玲
责任编辑：	林菲
出版发行：	线装书局
地　　址：	北京市丰台区方庄日月天地大厦B座17层（100078）
电　　话：	010－58077126（发行部）010－58076938（总编室）
网　　址：	www.zgxzsj.com
经　　销：	新华书店
印　　制：	北京建宏印刷有限公司
开　　本：	880mm×1230mm　1/32
印　　张：	7
字　　数：	135千字
版　　次：	2023年5月第1版第1次印刷

线装书局官方微信

定　　价：69.80元

前　言

  红色是中国共产党、中华人民共和国最鲜亮的底色，在我国 960 多万平方千米的广袤大地上红色资源星罗棋布。红色文化资源是中国共产党在马克思主义指导下，领导中国人民在革命战争年代、社会主义建设和改革开放新时代实践中留下的革命遗址、革命旧居、"红色地标"及在此过程中形成的革命精神等宝贵资源。由于现代汉语有强大的"四字组词"的语言习惯，六个字的"红色文化资源"往往被简称为四个字的"红色文化"或"红色资源"。红色文化资源主要分为物质形态的红色文化资源、精神形态的红色文化资源。

  党的十八大以来，习近平总书记在地方考察调研时多次到访革命纪念地，瞻仰革命历史纪念场所，反复强调要用好红色资源，传承好红色基因，把红色江山世世代代传下去。习近平总书记在党的二十大报告中强调，"用好红色资源"。红色文化资源是我们党艰辛而辉煌奋斗历程的见证，是最宝贵的精神财富，是马克思主义与中国革命、建设实践相结合的物化形态和精神留存。高校思想政治教育的根本目标是促进学生在德智体美劳等方面全面发展，而红色文化资源蕴含着丰富的爱国主义和革命精神，把红色文化融入到高校思想政治教育中，可以培育大学生的爱国情怀，坚定大学生的理想信念，塑造大学生正确的价值体系，引导大学生在大是大非面前作出正确的判断和选择，发挥价值引领作用。因此，红色文化资源是推动高校思想政治教育的宝贵精神财富。

陕西人民革命斗争是中国革命的重要组成部分，形成的红色文化资源是中国红色文化资源的重要组成部分，蕴含着重要的思想价值和历史意义。新时代对高校思想政治教育提出了新的发展要求，同时陕西红色文化资源的传承弘扬也需要新的发展契机。因此，将陕西红色文化资源融入地方高校思想政治教育教学，实现二者的协同共生。陕西红色文化资源是全国红色文化资源最丰富的地区之一，陕南是三秦大地的组成部分，汉中、安康、商洛是红色热土，本土红色文化资源是地方高校进行思想政治教育的鲜活生动素材，这些红色文化资源为地方高校思想政治教育提供了大量的历史素材和教学资源。高校思想政治工作者只有加强对红色文化资源的研究，才能更好地引导莘莘学子坚定理想信念、弘扬中国精神、凝聚中国力量。

陕西红色文化资源融入高校思想政治教育具有必要性与可行性。随着红色文化资源融入高校思想政治教育，在取得一定成就的同时也存在一些问题，究其原因则是陕西红色文化资源研究深度不足、教师对红色文化资源的认识不到位、红色文化资源融入课堂方式单一以及红色文化资源整合利用力度不够等。破解新时代陕西红色文化资源融入高校思想政治教育的困境，要在育人全过程中发挥主阵地作用,在教学过程中突出关键课程定位、在实践过程中明确实践育人目标、在校园建设中营造环境育人氛围,确保红色文化资源融入高校思想政治教育的措施落细落实落地。

本书是2018年安康学院首批省级教育教学成果奖培育项目"红色文化融入社会主义核心价值观教育教学的研究与实践"(项目编号:CGPY13)、安康学院2019年度校级教育教学改革研究项目"思政课教学与红色文化资源深度融合研究——以安康学院为例"(项目编号:ZB201904)的最终成果。

本书在撰写过程中得到马克思主义学院领导及诸多同事的大力支持,特别是马克思主义学院谢安国教授的悉心指导;2016级社会工作专业王浩同学及2018级思想政治教育专业贾珍玉、梁苗苗、徐燕子、王倩同学,他们是"安康微红"微信公众号最早推送者和推送主力军,为此付出了大量的时间和精力。同时,在本书撰写过程中,参考使用了其他单位、个人的一些研究成果,在此一并表示衷心感谢!

由于学识、精力有限,加之能力不足,书中难免有表述不当和不足之处,敬请广大读者批评指正。

纪安玲

2022年11月

目 录

前言 ··· 1

第一章 绪论 ·· 2
第一节 研究缘起与意义 ··· 2
第二节 研究现状与评析 ··· 6
第三节 研究思路与研究方法 ·································· 16
第四节 研究内容与创新之处 ·································· 19

第二章 红色文化资源概述 ·· 22
第一节 红色文化资源相关概念界定 ······················· 22
第二节 红色文化资源的形成条件 ··························· 29
第三节 红色文化资源的发展过程 ··························· 34
第四节 红色文化资源的种类 ·································· 39
第五节 红色文化资源的特征 ·································· 43

第三章 红色文化资源的表现形态 ······························ 48
第一节 精神形态的红色文化资源 ··························· 48
第二节 物质形态的红色文化资源 ··························· 73

第四章　陕西红色文化资源概述 ……………………… 83
　第一节　陕西红色文化资源的特征 ……………………… 83
　第二节　陕西革命年代的红色文化资源 ………………… 85
　第三节　陕西建设年代的红色文化资源 ………………… 95

第五章　陕南红色文化资源概述 ……………………… 101
　第一节　汉中、安康、商洛红色文化资源 …………… 101
　第二节　陕南精神形态的红色文化资源 ………………… 108
　第三节　陕南具有代表性的革命志士与革命先烈 ……… 114
　第四节　陕南物质形态的红色文化资源 ………………… 126

第六章　陕西红色文化资源融入高校思想政治教育的必要性与可行性 …………………………… 136
　第一节　陕西红色文化资源融入高校思想政治理论教育的必要性 ……………………………………………… 137
　第二节　陕西红色文化资源融入高校思想政治教育的可行性 …………………………………………………… 144

第七章　陕西红色文化资源融入高校思想政治教育现状 ……………………………………………… 152
　第一节　陕西红色文化资源融入高校思想政治教育取得的成效 ………………………………………………… 152
　第二节　陕西红色文化资源融入高校思想政治教育存在的困境 ………………………………………………… 157
　第三节　陕西红色文化资源融入高校思想政治教育存在困境的原因分析 ……………………………………… 159

第八章　陕西红色文化资源融入高校思想政治教育路径 ·············· 163
第一节　融入校园文化，发挥环境育人功能·············· 163
第二节　融入教学主渠道，发挥教学主导作用·············· 165
第三节　融入日常生活，发挥文化育人功能·············· 167
第四节　依托红色微信平台，发挥网络育人功能·············· 170

附录 ·············· 176
打造思政育人"网红平台"彰显网络思政"时代魅力"
——以"安康微红"为例·············· 176
一、红色安康板块·············· 176
二、红色实践板块·············· 188

红色文化资源融入高校思想政治教育研究

百年征程波澜壮阔，百年初心历久弥坚。从1921年到2021年，中国共产党走过了整整100年的历程。这是用鲜血、汗水、泪水、勇气、智慧、力量写就的百年；是筚路蓝缕、披荆斩棘、艰苦创业、砥砺前行、充满艰险、充满神奇的百年，是苦难中铸就辉煌、挫折后毅然奋起、探索中收获成功、失误后拨乱反正、转折中开创新局、奋斗后赢得未来的百年。① 百年党史里，有理想和信仰，有目标和方向，有执着和坚强，有我们"从哪里来"的精神密码，有我们"走向何方"的精神路标，有共产党人的精神血脉。历经沧桑，中国共产党100年波澜壮阔的革命史、可歌可泣的英雄史、艰苦卓绝的奋斗史、惊天动地的建设史、披荆斩棘的改革史孕育出丰富多彩的红色文化资源，这些红色文化资源蕴含的理想信念、爱国情怀、时代精神等是高校思想政治教育的优质资源。高校要深入推进红色文化资源研究阐发、始终坚持红色文化资源融入思想政治理论课课堂、扎实开展红色文化资源育人实践，充分发挥红色文化资源育人育心、培根铸魂的作用，努力培养德智体美劳全面发展的社会主义建设者和接班人。

---

① 曲青山．中国共产党百年辉煌［N］．光明日报，2021-02-03（11）．

第一章 绪论

习近平总书记一直以来高度重视红色资源。党的十八大以来，他到地方考察的足迹遍及各个革命老区，每到一处他都重温红色记忆、讲述感人故事、阐释党史启迪，以红色文化为抓手，为全党学史明理、学史增信、学史崇德、学史力行树立了光辉典范。党的十八大以来，我国设立中国人民抗日战争胜利纪念日、南京大屠杀死难者国家公祭日、烈士纪念日、国家宪法日等纪念日，推动全社会形成知史爱党、知史爱国的浓厚氛围。注重弘扬革命精神、传承红色基因。习近平总书记高度重视学党史、用党史，多次强调"历史是最好的教科书"，并指出学习党史、国史，是坚持和发展中国特色社会主义、把党和国家各项事业继续推向前进的必修课。这门功课不仅必修，而且必须修好。① 中国共产党在百年辉煌中形成的红色资源是鲜活的历史，是我们党宝贵的精神财富，淬炼了昂扬向上的红色文化，构筑起绵延不断的精神谱系。

第一节 研究缘起与意义

红色文化资源蕴含着丰富的革命精神，具有重要的资政育人价值。面对中华民族伟大复兴宏伟目标和世界百年未有之大变局，弘扬红色精神、传承红色文化、增强文化自信，就是要加强对红色文化资源的进一步挖掘分析和研究，红色文化资源是高校开展思想政治教育的生动教材和鲜活载体。因此，红色文化资源融入高校思想政治教育，不仅能发挥出红色文化资源的育人价值，还能丰富和发

---

① 易棉阳. 学好党史国史 牢记初心使命［N］. 光明日报，2019-10-29（06）.

展高校思想政治教育。

一、研究缘起

党的十八大以来，习近平总书记怀着崇敬之心遍访革命故地、红色热土，在多个场合反复叮嘱要用好红色资源、传承红色基因。用好红色资源，传承好红色基因，为实现中华民族伟大复兴的中国梦注入强大精神动力。2018年3月8日，习近平总书记参加党的十三届全国人大一次会议山东代表团时强调："红色基因就是要传承。中华民族从站起来、富起来到强起来，经历了多少坎坷、创造了多少奇迹，要让后代牢记，我们要不忘初心，永远不可迷失了方向和道路。"[①] 在鄂豫皖苏区首府革命博物馆内院会见当地红军后代、革命烈士家属代表时的讲话中指出："吃水不忘掘井人，红色江山来之不易，是千千万万革命前辈用鲜血换来的。我们要牢记红色政权是从哪里来的，始终铭记缅怀革命先烈。"[②] 在信阳市新县鄂豫皖苏区革命博物馆时强调："革命博物馆、纪念馆、党史馆、烈士陵园等是党和国家红色基因库。要讲好党的故事、革命的故事、根据地的故事、英雄和烈士的故事，加强革命传统教育、爱国主义教育、青少年思想道德教育，把红色基因传承好，确保红色江山永不变色。"[③] 习近平总书记在党史学习教育动员大会上的讲话中指出："要抓好青少年学习教育，着力讲好党的故事、革命的故事、英雄的故事，厚植爱党、爱国、爱社会主义的情感，让红色基

[①] 凝聚力量固根守魂 红色基因传承不可断验证不可缺 [EB/OL]. http://news.youth.cn/wztt/201803/t20180318_11517113.htm.

[②] 习近平. 牢记红色政权是从哪里来的 [EB/OL]. https://baijiahao.baidu.com/s?id=1644902029019309563&wfr=spider&for=pc.

[③] 冯雅,李刚,刘志亮. 以史育人 用红色资源传承红色基因 [N]. 光明日报, 2020-08-03（16）.

因、革命薪火代代传承。"① 红色文化是中国共产党团结带领各族人民在百年的革命、建设、改革中创造的强大精神和伟大实践，是马克思主义中国化的产物和中国共产党的文化根脉，凝结着中国共产党人一脉相承的红色基因和英勇顽强、信念坚定、爱国奉献、艰苦奋斗等革命精神品质，是激励中华民族奋勇前进的强大精神力量，同时也是高校立德树人最好的生动教科书和丰富营养剂。

二、研究意义

红色文化是中国共产党领导人民在新民主主义革命、社会主义革命和建设以及改革开放过程中形成的宝贵精神财富，是具有中国特色的特定文化精神和文化形态。红色文化资源是指自中国共产党成立以来在马克思主义指导下领导先进知识分子和人民群众在中国革命战争时期所形成的革命精神及其载体，并在社会主义建设以及改革开放以来的实践中不断被丰富发展而形成的可供今天开发利用以满足人们需要的各种物质及其精神载体的总和，革命精神与革命传统是红色文化资源的灵魂。② 所以红色文化资源是新时代弥足珍贵的教育资源，具有鲜明的思想政治教育功能。中华民族是有着光荣革命传统的民族，在中国共产党的领导下我们不仅孕育了中国红色革命政权的诞生，而且承载了中国工农红军二万五千里长征胜利的会师，还见证了苦难深重的新中国的诞生和从新民主主义革命转向社会主义革命进而建立社会主义制度，是在以毛泽东同志为核心的中国共产党第一代领导集体带领下完成的。中华民族站起来，是实现伟大复兴中国梦的历史新起点。2021年2月20日，习近平总书记在党史学习教育大会上强调："在一百年的非凡奋斗历程中，

---

① 习近平. 在党史学习教育动员大会上的讲话[M]. 北京：人民出版社，2021：26.
② 白学佼. 甘肃红色文化资源融入高校思想政治教育研究[D]. 兰州：兰州大学，2019.

一代又一代中国共产党人顽强拼搏、不懈奋斗,涌现了一大批视死如归的革命烈士、一大批顽强奋斗的英雄人物、一大批忘我奉献的先进模范,形成了井冈山精神、长征精神、遵义会议精神、延安精神、西柏坡精神、红岩精神、抗美援朝精神、'两弹一星'精神、特区精神、抗洪精神、抗震救灾精神、抗疫精神等伟大精神,构筑起了中国共产党人的精神谱系。""我们党之所以历经百年而风华正茂、饱经磨难而生生不息,就是凭着那么一股革命加拼命的强大精神。"① 陕西在中国新民主主义革命的各个时期都占有十分重要的地位,在中国共产党的领导下陕西人民进行了长久的、不屈不挠的革命斗争,不仅为陕西,同时也为解放全中国做出了巨大的贡献。习近平总书记在陕西考察调研时指出,老一辈革命家和老一代共产党人在延安时期留下的优良传统和作风,培育形成的延安精神,是我们党的宝贵精神财富。② 2020 年 4 月,习近平总书记在陕西考察调研时指出:"要坚持不懈用延安精神教育广大党员、干部,用以滋养初心、淬炼灵魂,从中汲取信仰的力量、查找党性的差距、校准前进的方向。"陕南是一块红色沃土,土地革命战争时期,以红四方面军红二十五军创建的川陕等革命根据地陕南苏区、以陕西省东南部的商洛地区为中心区域的鄂豫陕革命根据地实践中所形成的陕南苏区精神,是老一辈无产阶级革命家和陕南人民留给我们的宝贵精神财富。在梳理全国红色文化资源的基础上,重点研究陕西红色文化资源的政治价值、文化价值、经济价值、教育价值,挖掘红色文化资源所蕴含的精神特质,将红色文化资源特别是陕西红色文化资源融入高校思想政治教育及党史学习教育之中,充分利用陕西、陕南革命遗址和革命精神追思先烈、缅怀英烈、教育今人,为奋力谱写陕西新时代追赶超越新篇章、不断加快文化强省建设、持

---

① 习近平. 在党史学习教育动员大会上的讲话 [M]. 北京:人民出版社,2021:19.
② 李颖. 延安精神的由来和体现 [N]. 人民政协报,2016-09-08.

续提升三秦百姓幸福感提供经验借鉴。同时，让红色文化资源融入社会生活，成为促进人们成长的强大精神力量。

第二节 研究现状与评析

红色文化资源是红色、文化和资源三个概念的有机整合。红色文化资源是中国共产党领导中国人民在新民主主义革命时期完成建国大业、社会主义革命和建设时期完成兴国大业、改革开放和社会主义现代化建设新时期推进富国大业、中国特色社会主义新时代推进并将在21世纪中叶全面建成社会主义现代化强国大业的伟大实践中形成的革命精神及其载体的总和，是能够体现中国特色社会主义文化的鲜明底色的先进文化资源。由于现代汉语有强大的"四字组词"的语言习惯，六个字的"红色文化资源"往往被简称为四个字的"红色文化"或"红色资源"[①]。无论是红色文化资源还是红色文化、红色资源，它们共同的特征都是以"红色为底色"。

一、国内研究现状

红色文化资源作为承载革命精神与革命遗迹的统一体，从全国范围来看，2000年后进入众多学者研究的视野，并推出了一系列研究成果。

（一）关于红色资源的研究

1. 红色资源概念内涵研究

红色资源概念为学界认知，较早见于谭冬发、吴小斌2002年

[①] 张泰城.论红色文化资源的分类[J].中国井冈山干部学院学报，2017（07）：138.

《红色资源与扶贫开发》一文。其认为广义的红色资源"指那些能够顺应历史潮流、弘扬爱国主义精神的一切革命活动中凝结的人文景观和精神";狭义概念则为"在中国共产党成立以后领导广大人民进行的第二次国内革命战争、抗日战争、解放战争期间所形成的历史痕迹和精神瑰宝"①。该提法引起了学界对红色资源外延界定于何时、何为主体的一系列讨论。有学者认为红色资源有广义、狭义之分,也有学者认为红色资源没有广义、狭义之分,有的只是物质和精神两个层面。学者郭晓平从资政育人功能解析红色资源的概念②,张泰城、肖发生等人从教育学视域更为具体地思考红色资源概念的定位③,魏本权亦从资源角度研究红色资源的概念④,拓展了红色资源研究的视野,丰富了我们对红色资源的认识,引起了学者的关注。目前,学界对红色资源的认识基本统一,即红色资源是中国共产党在革命战争年代和社会主义现代化建设时期所形成的具有资政育人意义的历史遗存,是一种以物质形态、信息形态和精神形态表现出来的资源。红色资源作为一种物质形态,包括革命战争年代遗留下来的革命文物、文献资料、历史遗迹、名人故居、烈士陵园等遗存,还包括社会主义建设和改革开放新时代修建的纪念馆,也包括社会主义建设和改革开放新时代修建的纪念馆、博物馆、展览馆等陈列场所;红色资源作为一种信息形态,包含文献、影像、歌曲、标语以及以英模人物和历史事件为原型创作的文学、影视作品等;红色资源作为一种精神形态,包含着艰苦奋斗、锐意

---

① 谭冬发,吴小斌."红色资源"与扶贫开发[J].老区建设,2002(07):44—45.
② 郭晓平."红色资源"的主体是精神[J].中华魂,2005(02):58.
③ 张泰城,肖发生.红色资源与大学生思想政治教育[J].教学与研究,2010(01):72.
④ 魏本权.传承与创新:构建具有中国特色的红色资源学[J].井冈山学院学报,2009(02):13.

进取、顽强拼搏、勇于牺牲的革命精神，理想信念坚定、道德风尚崇高的价值追求。红色资源蕴含着丰富的革命精神和厚重的历史文化内涵。

可知，虽然学术界对红色文化资源的内涵认识基本统一，是一种以物质形态、信息形态和精神形态表现出来的资源。但是，笔者认为信息形态的红色文化资源依然可以归类到物质形态的红色文化资源之中，即红色文化资源的内涵是由物质形态和精神形态所具有的资政育人意义的历史遗存构成的。

红色资源价值功能研究。学者们从立德树人的角度出发，结合红色资源的内涵，提出其所特有的育人资源特点。如张泰城认为红色资源是优质高等教育资源[①]，具有不可替代的重要作用。刘虹、陈世润则从红色资源的政治主导性、科学展示性、民族传承性、客观真理性的特点，总结出红色资源是思想政治教育的有效资源。[②] 张颢称红色资源具有政治引导、文化传承、道德示范、意识形态、教育教学、历史镜鉴等功能，是重要的教育资源。[③] 李康平认为红色资源源蕴含着深刻的思想内涵和教育价值。学术界对红色资源教育价值的新认识，深化了对红色资源的研究。[④]

2. 红色资源教育研究

红色资源是一种优质教育资源，李康平认为红色资源为思想政治理论课教育教学提供了本源性优质资源，提供了正确的价值观导

[①] 张泰城，肖发生. 红色资源与大学生思想政治教育 [J]. 教学与研究，2010 (01)：72.

[②] 刘虹，陈世润. 红色资源：当代思想政治教育的有效资源 [J]. 教育评论，2008 (03)：7.

[③] 张颢. 论红色资源的社会功能 [J]. 井冈山学院学报，2009 (02)：24—26.

[④] 李康平. 论红色资源在思想政治理论课运用的价值与路径 [J]. 思想理论教育导刊，2010 (04)：67.

向，奠定了优秀革命文化根基，增强了教育教学的感染力和说服力。① 李忠、罗学谓等认为利用井冈山红色教育资源"大力开发德育校本课程"②。刘争先认为红色资源具有丰富的爱国主义教育内容，是优良的爱国主义教育载体，营造了爱国主义教育的环境氛围。③ 曾绍东称红色资源保证了大学生思想道德教育的方向，丰富了大学生思想道德教育的内容，提供了大学生思想道德教育的有效方法和途径。④ 基于红色资源的独特教育价值，学界就红色资源教育展开了一系列的理论与实践探索研究。

红色资源融入思想政治理论课教学研究。地处革命老区的高校教师结合切身教学实践进行了一系列的探索。井冈山大学开发《井冈山精神与当代大学生》校本课程，对全体新生进行井冈山革命史和井冈山精神教育；探索红色资源在思想政治理论课中的应用；积极开展融入多种学科教学活动的实践，探索红色资源转化为教育教学的路径。西安电子科技大学以红色校史创新思想政治课教学模式，创建了思想政治课"344"教学新模式，即以"三个着眼于"为主题开展红色文化融入思想政治课的教学改革，服务于大学生成长成才；以"四位一体"将红色文化资源转化为课程资源，做到"认知、内化、践行"相统一；构建学术、经费、制度、队伍"四大保障"体系，推动教学改革协同发展。⑤ 浙江理工大学王艳娟以

---

① 李康平. 论红色资源在思想政治理论课运用的价值与路径 [J]. 思想理论教育导刊，2010 (04)：67—68.

② 李忠，罗学谓，晁金典. 井冈山红色资源利用与德育校本课程开发研究 [J]. 井冈山学院学报，2005 (04)：106.

③ 刘争先. 红色资源大大学生爱国主义教育中的价值及运用 [J]. 广西青年干部学院学报，2007 (03).

④ 曾绍东. 论红色资源在大学生思想道德教育中的应用 [J]. 江西行政学院学报，2017 (03)：16.

⑤ 王炳林，张泰城主编. 高校红色文化资源育人发展报告2018 [M]. 北京：人民出版社，2020 (04)：18.

红色文化为媒介深化思政课实践教学改革的工作思路、具体做法以及所取得的成效进行研究。① 刘建民等认为红色文化资源运用到高校思想政治理论课要通过课堂教学、实践教学、校园文化三种途径进行。② 与此同时,河北、湖南、广西、江西、贵州、云南、河南等地革命老区学校也结合地方红色资源融入教学的研究展开各具特色的探索。以上相关红色资源在教学实践中开展,又进一步促进了红色资源教育教学的理论研究的深入。

(二) 地方红色文化资源研究

石婷婷阐述了四川红色文化的资源优势,指出"四川红色文化集中体现了勤劳勇敢、开拓进取、团结协作、拼搏创新、无私奉献的革命精神,具体体现为红军长征在四川树起历史的丰碑、伟人将帅英雄的红色足迹、伟大的抗震救灾精神,这些红色文化资源为四川本地高校进行思想政治教育、培育践行社会主义核心价值观提供了丰富的红色文化资源"③。严雄飞等阐述了内涵丰富的湖北红色文化资源,指出"红色文化资源有五个方面的育人功能,包括塑造正确价值观、利用英雄人物感召、提升文化素养、寓教于乐、传承红色精神等,认为要通过重视深度开发、优化育人环境、有针对性利用三方面优化红色文化资源的育人路径"④。何源阐述了川东北红色文化资源融入高校思想政治教育过程中的作用,指出"激发大

---

① 王艳娟. 红色文化进思想政治理论课的改革与实践——以浙江理工大学为例[J]. 浙江理工大学学报(社会科学版),2017(02):71—76.
② 刘建民,段宏. 地方红色文化资源与高校思想政治理论课教学[J]. 继续教育研究,2012(08):153—154.
③ 石婷婷. 四川红色文化资源与本地高校思想政治教育融合研究[J]. 党史博采(下),2018(09):66—67.
④ 严雄飞,雷莉,严徐. 湖北红色文化资源育人功能及路径研究[J]. 学校党建与思想教育,2018(07):91—93.

学生弘扬崇高的爱国情怀，引导大学生树立正确的理想信念，鼓励大学生传承艰苦奋斗精神，帮助大学生涵养良好的个人品行、有利于奠定高校思想政治教育深厚的文化根基，有利于增强高校思想政治教育的实效性，认为应通过深入挖掘川东北特色红色文化资源拓展教育内容，积极推进川东北红色文化资源融入校园和课堂，高度重视川东北红色文化资源融入实践教学，建立健全川东北红色文化资源教育机制育人等路径"①。总之，还有众多学者也分析了各地红色文化资源的优势及融入高校思想政治教育的育人路径。

（三）关于陕西红色文化资源研究

2010年12月中国延安干部学院编、中央文献出版社出版了《党中央在延安13年》。该书主要讲述了党中央在延安13年的光辉历程、辉煌功绩及基本经验。光辉历程分为五个阶段，辉煌功绩及基本经验表现为七个方面。陕西省委党史研究室著的《中国共产党陕西历史》对1921—1949年中国共产党在陕西大地上波澜壮阔的斗争史进行阐述，书中以翔实的史料，客观公允评价重大历史事件和人物，还原历史的真实面貌，既注重史实的挖掘和展现，更重视通过历史表象的研究，总结出中国革命及陕西革命胜利的历史经验。② 由中共陕西省委党史研究室组织编写、西安邮电学院袁武振教授撰写的《中国共产党陕西简明历史》，全面记述了中国共产党组织领导陕西人民进行新民主主义革命、社会主义革命和建设以及改革开放的历史进程和基本经验。陕西学前师范学院在2009年7月6日成立了陕西红色文化研究所，作为学院专职研究机构，有专

---

① 何源. 川东北红色文化资源融入高校思想政治教育研究——以川渝部分高校为例［D］. 南充：西华师范大学，2019.
② 中共陕西省委党史研究室. 中国共产党陕西历史第一卷（1921—1949）修订版［M］. 北京：中共党史出版社，2021.

兼职研究人员20人，万生更教授任所长。陕西红色文化研究所围绕学院学科专业建设和人才培养工作，整合学院科研力量，对陕西红色文化进行跨学科应用研究，推动陕西红色文化研究成果的发展。万生更著《陕西红色文化软实力研究》，是陕西省第一部研究陕西红色文化资源及红色文化软实力的著作，把陕西红色文化软实力的资源分为四部分，研究了陕西红色文化的时代内涵及陕西红色文化软实力的构成要素、特征、地位和作用，指出了陕西红色文化软实力的实现路径和建设体系。[①] 2013年6月，延安大学中国共产党革命精神与文化资源研究中心成立，是由教育部、中央党史研究室联合设立的教育部人文社会科学重点研究基地，研究中心是延安大学在延安时期13年历史与延安精神研究、中共党史学科建设的基础上形成和发展而来的。2014年11月28日，陕西省红色文化发展研究中心成立。2017年10月13日，西安文理学院与西安市党史研究室联合成立的"西安红色文化传承研究中心"揭牌成立，中心设在该院的二级学院人文学院。通过调查西安红色文化遗存，挖掘西安红色文化资源；研究西安红色文化历史，讲述西安红色传奇故事；凝练西安红色文化精神，弘扬西安红色文化基因等一系列工作，教育引导社会各界铭记历史、不忘初心，在红色精神的感召下，不断凝聚前行的力量，构建西安"大党史"格局。2018年4月27日，西北政法大学研究成立了"西北政法大学红色文化研究中心"，研究中心是从事红色文化研究发掘、宣传教育的专业学术团体，着力于传承和弘扬红色文化，培养红色文化研究和教学骨干，研究构建结构完整、特色鲜明的红色文化育人体系。

除了上面列举的学校所在地在省会城市西安的高校外，榆林学院成立了红色文化传承与应用研究中心，商洛学院也成立了红色文

---

① 万生更.陕西红色文化软实力研究[M].西安：三秦出版社，2010.

化研究中心。目前，陕西省 118 个市、县（市、区）共有 2025 处革命遗址，能够确切证明属于原址、有保护利用条件的革命遗址有 1959 处。① 因此，陕西高校要充分发挥陕西红色文化的文化引领作用和精神凝聚功能，全省广大教师把传承红色文化基因作为青少年一代接受精神洗礼、锤炼道德品行、校正价值追求、凝聚思想共识、激发奋进力量的伟大实践。

二、国外研究现状

红色文化资源与中国半殖民地半封建社会特殊的国情、中国选择的马克思主义指导思想、中国经历的不同于别国的特殊的革命道路有关，因而具有鲜明的中国特色，所以外国学者对红色文化资源方面少有研究，却通过自身视角对中国共产党的历史文化有所记录。一方面，在中华人民共和国成立前的长征时期、抗日战争时期和解放战争时期等阶段，有外国记者和作家走进中国共产党领导机关、军队所在地甚至是战斗前线亲身观察并记录了当时的具体情况。另一方面，从一些国外政要、资深外交家和思想家的独特视角让世界认识中国。

以长征为例，其感动我们的不仅仅是一段历史、一个奇迹，还有那种用生命坚守信仰的高尚精神。1937 年 10 月英国戈兰茨公司出版的美国记者埃德加·斯诺撰写的《红星照耀中国》（又名《西行漫记》）是作者根据自己在红军苏区的所见所闻，以特殊的身份把中国共产党与红军将领和官兵的真实情况展现在世界面前。书中说道："不论你对红军有什么看法，对他们的政治立场有什么看法，但是不能不承认他们的长征是军事史上伟大的业绩之一。从某种意

---

① 陕西发挥融媒体优势创新红色文化传播［EB/OL］. 中国日报网，https：//baijiahao. baidu. com/s? id=1639483522224838580&wfr=spider&for=pc.

义上来说,这次大规模的转移是历史上最盛大的武装巡回宣传。总有一天有人会把这部激动人心的远征史诗全部写下来。"①《红星照耀中国》英文版于 1937 年 10 月在伦敦一经面世便轰动世界,在伦敦出版的头几个星期就连续再版七次,销售 10 万册以上。哈里森·索尔兹伯里是美国著名的作家和记者,曾任《纽约时报》副总编辑,撰写一部中国红军长征的著作,是哈里森·索尔兹伯里多年来的夙愿。他极其崇敬埃德加·斯诺,收集和研究了大量有关长征的各种不同来源、不同观点的材料,并于 1984 专程来到中国,不顾年迈(当时 76 岁)有病(心脏病),沿着当年红军长征的路线,进行了实地采访,完成了著作《长征——前所未闻的故事》。著作中讲述了 20 世纪 30 年代面临险境的中国工农红军被迫实行战略转移的事实,反映了伟大的长征途中广大红军指战员不惧生死、敢于拼搏的革命英雄主义精神,作者希望本书能够引起各国人民的革命精神和对中国人民的钦佩,并希望将中华儿女的英雄气概传播到世界角落。② 1936 年 12 月在伦敦哈德尔和斯托顿出版公司出版的瑞士传教士勃沙特的书籍《神灵之手》,详细真实地记录了他被红军俘虏后,随红军转战黔湘滇三省 18 个月的经历见闻,记录了红六军团在长征途中及其之后的日常生活,用朴实的话语展现了红军形象。"实际上,红军的领导人坚信共产主义和马克思列宁主义,并在实践着其原理,是另一种频率和形式的苏维埃"。③ 美国前国务卿亨利·基辛格著《论中国》,他在序中写道,"我日益钦佩中国人民,钦佩他们的坚忍不拔、含蓄缜密、家庭意识和他们展现出的中

---

① [美]埃德加·斯诺. 红星照耀中国[M]. 董乐山,译. 北京:人民文学出版社,2016:202—203.
② [美]哈里森·索尔兹伯里.《长征:前所未闻的故事》[M]. 过家鼎,程镇球,张援远,译. 北京:解放军出版社,2007:136.
③ 王尧礼. 勃沙特及《神灵之手》[N]. 贵州日报,2019-02-20(A08).

国文化"①。

总之，外国记者、学者、政要通过自己的亲眼所见，向世人展示了中国共产党改变了中华民族的命运，创造了中华民族的今天，照亮了中华民族的未来。中国各族人民在中国共产党坚强领导下坚定信心，迎难而上，顽强拼搏，展现了不屈的民族精神，实现了中华民族站起来的目标。

三、简要评述

综上所述，学术界对于红色文化资源的研究历经很长时间，自 2000 年后不管是在拓展研究领域、转变研究思路，还是在深化研究理念上均取得明显进步。

目前，学界关于红色文化资源的研究在广度和深度上都取得了一定成果，为撰写专著提供了较为有力的支持，便于在此基础上有所提升和创造。但是从整体来看，当前关于红色文化资源的研究与高校思想政治教育的结合中，对某一地区的红色文化资源的研究相对较少。理论研究主要是内涵研究、时代价值研究等，实践研究主要是多载体弘扬红色文化、红色文化学科建设、地方特色红色文化研究、红色文化产业发展等，而对省会以外地方本科院校将地方红色文化资源与高校思想政治教育的有机融合研究得不够、认识得不够深刻等。陕西省是全国红色文化资源最丰富的地区之一，涵盖了中国革命的各个时期，数量多、分布广、影响大。据陕西党史部门革命遗址普查工作统计显示，自 2010 年 1 月至 2010 年 12 月，陕西省已经确定了国家级爱国主义教育基地 19 个，省级爱国主义教育基地 30 个，市级爱国主义教育基地 49 个，县级爱国主义教育基

---

① [美] 亨利·基辛格. 论中国 [M]. 胡利平，译. 北京：中信出版集团，2015：5.

地 128 个。① 在陕西这块红色沃土上，发生过许多重大历史事件，留下了丰富的红色文化遗产。从物质层面来看，截至 2019 年底，全省 118 个市、县（市、区）共普查 2025 处革命遗址，能够确切证明属于原址，有保护利用条件的革命遗址有 1959 处，其中有相当一部分散布在广大乡村。② 陕西虽然作为西北地区拥有极其丰富的红色文化资源的省份和高校大省，但学界对陕西红色文化资源的研究还不够丰富，尤其对陕南红色文化资源的挖掘不够深入，系统性研究不足，比较性研究缺乏，研究力量分散且研究力量不够强等。在开发利用陕南红色文化资源时偏向经济效益，不能很好地把握陕南红色文化资源的其他效益，理论推进缺乏系统性、应用性和具体性，不利于研究结果应用于实践中并不断得到推广。本书主要是在相关文献查阅和史料收集的基础上，结合新时代对陕西红色文化资源的需要，聚焦于整个陕西、陕南红色文化资源，深入分析陕西、陕南红色文化资源融入高校思想政治教育的必要性与内在价值，并分析当前的融入现状，提出切实可行并具备针对性和创新性的实现路径。

第三节　研究思路与研究方法

一、研究思路

本书以红色文化资源融入高校思想政治教育为主题，通过对全国有影响的红色文化资源及对具有陕西、陕南的特色红色文化

---

① 陕西红色文化资源丰富　革命遗址达 2051 个 [EB/OL]. http://www.chinastbc.com/sn/250685.html.

② 李茜. 发挥红色文化在乡村振兴中的引领作用 [N]. 陕西日报，2020-3-18（08）.

资源的深入挖掘，着重分析当前陕西红色文化资源融入高校思想政治教育现状和存在问题，参考相关文献与理论，再根据陕西高校的实际情况，提出具有针对性、可操作性的解决路径，从而赓续精神血脉，实现弘扬和传承陕西红色文化资源，不断完善和创新红色文化，拓展高校思想政治教育途径。因此，本书研究主要基于以下思路。第一，通过对红色文化资源融入高校思想政治教育这一主题的文献资料搜集，总结当前关于红色文化资源研究取得的一些成效，但在与高校思想政治教育的结合中，对某一地区的红色文化资源的研究不够普遍和深入，基于以往研究成果，本书展开写作。第二，在对上述文献资料进行深入学习后，梳理陕西红色文化资源的基础理论，界定红色文化资源相关概念，并在此基础上论述陕西特别是陕南红色文化资源的表现形态，总结陕西、陕南红色文化资源的特征。详细阐述具有地域特色的陕西红色文化资源的内容，包括以中国革命的落脚点和出发点的陕北革命圣地延安为代表的红色文化资源，以照金为中心的陕甘边革命根据地红色文化资源，以南泥湾大生产运动为代表的红色文化资源，以及以社会主义建设时期梦桃精神、西迁精神为代表的红色文化资源及以陕南苏区精神为代表的陕南红色文化资源。第三，在阐明相关理论的基础上，分析陕西红色文化资源融入高校思想政治教育的必要性和可行性，梳理这一融入对高校思想政治教育、陕西红色文化资源等带来的作用，并对陕西红色文化资源融入高校思想政治教育的教材、课堂教学、实践教学中的现实情况进行解读，在正视当前困境的基础上分析造成困境的具体原因。第四，根据以上研究进行分析，探索陕西红色文化资源融入高校思想政治教育的路径，主要研究当前将陕西红色文化资源融入高校思想政治教育的具体做法，包括融入育人全过程、教学过程、实践过程、学校建设、校园建设等方面，实现地方高校用好用活身边红色文化资源,创新方式让党史学习教育走新更走心、力行党史学习教育激发奋进之力,让大学生用心感悟、用行践信,为实现中华民族的伟大复兴"中国梦"而努力。

二、研究方法

1. 文献研究法

文献研究法是本书自始至终都会使用的方法,它立足在对既有文献梳理分析的基础上发现问题,确定研究对象,并在一定时期内把握事件的发展脉络。依据本书的研究内容是陕西特别是陕南红色文化资源开发利用这一主题,着重收集和分析有关陕西特色是陕南红色文化资源的档案资料、地方县志、党史资料汇编、政策文件等,包括文字资料、遗址遗迹及文学影视作品等。通过对文献资料的调研和查阅,为此项研究的顺利开展做好基本概念梳理,提供理论支撑和理论准备,构建研究思路和理论框架,努力做到论从史出、有史可依、有史可鉴。

2. 跨学科研究法

本书综合运用多学科的知识和方法以及所掌握的文献资料进行研究,吸收和借鉴中共党史、思想政治教育、民族学、传播学、社会学等学科的理论知识,从多维角度分析问题,避免研究的孤立性和研究视角的单一性。

3. 实地调研法

在大量文献查阅和总结的基础上,本书还需要适度地实地走访调研,深入陕西特别是陕南具有代表性的革命老区收集和了解当地的红色文化资源,从遗址遗迹中感受红色文化魅力,以便为本书研究提供背景参考,为更好地得出研究结论奠定基础。

第四节 研究内容与创新之处

一、研究内容

2019年3月4日,习近平总书记在党的十三届政协二次会议上指出:"共和国是红色的,不能淡化这个颜色。"[①] 本书以马克思主义为指导,综合运用马克思主义理论、思想政治教育学、政治学、民族学、经济学、传播学、社会学等多学科理论,对陕西红色文化资源融入高校思想政治教育,特别是陕南红色文化资源融入高校思想政治教育进行理论分析和实证研究,提出推进陕西、特别是陕南红色文化资源融入高校思想政治教育的路径和策略体系。基于以上研究思路,本书章节内容安排如下。

第一章绪论。主要阐述研究缘起及意义、选题现状与评析、研究现状与方法、研究内容与创新。

第二章红色文化资源概述。主要包括相关概念界定,红色、文化、资源、红色文化、红色文化资源等概念界定。同时,阐述了红色文化资源的形成条件、发展过程、种类、特征及红色文化资源的价值。

第三章红色文化资源的表现形态。主要包括全国有影响的精神形态的红色文化资源、物质形态的红色文化资源及陕西精神形态与物质形态的红色文化资源、陕南精神形态与物质形态的红色文化资源。

第四章陕西红色文化资源概述。陕西红色文化资源具有表现形

[①] 张鹿峰,云利孝.红色,不能淡化的颜色——读《他们是这样一群人:开国战将经典史记》[N].解放军报,2019-04-20(8).

态的丰富性、分布的广泛性及独特的本土性特征,陕西红色文化资源的主要类型,包括以革命圣地为代表的延安精神,以抗日军民大生产运动为代表的南泥湾精神,以陕甘边革命根据地为代表的照金精神及社会主义建设和改革时期创造的西迁精神、梦桃精神等。

第五章陕南红色文化资源概述。主要阐述了汉中、安康、商洛三地红色文化资源及陕南红色文化资源的主要内容,包括陕南苏区精神、代表性的革命志士和革命先烈、代表性的革命遗址。

第六章陕西红色文化资源融入高校思想政治教育的必要性和可行性。首先,从三个方面阐述红色文化资源融入高校思想政治教育的学理基础。其次,从三个方面阐述红色文化资源融入高校思想政治教育的必要性。最后,从三个方面阐述红色文化资源融入高校思想政治教育的可行性。

第七章陕西红色文化资源融入高校思想政治教育现状。首先,从三方面指出陕西红色文化资源融入高校思想政治教育取得的成效。其次,从四个方面分析了陕西红色文化资源融入高校思想政治教育的困境。最后,分析了陕西红色文化资源融入高校思想政治教育困境的原因。

第八章陕西红色文化资源融入高校思想政治教育路径。首先,融入校园文化建设,发挥环境育人功能;其次,融入教学主渠道,发挥教学主导作用;再次,融入学生日常生活,发挥文化育人功能;最后,依托红色微信平台,发挥网络育人功能。

附录。

二、创新之处

本书的创新之处主要体现在研究视角、研究方法以及实现路径方面,不同于以往对于红色文化资源的研究,本书着眼于区域文化的视角,选取陕西这个红色文化资源大省,同时选取本书作者所在的陕南这片红色热土,根据陕西省历史文化背景和地理位置等自身特点,将陕西省红色文化资源与高校思想政治教育结合起来,研究了陕西省红色文化资源融入高校思想政治教育的价值、现状及路径,丰富了高校思想政治教育的内容和载体形式,增强了高校思想政治教育的教育教学实效性,拓宽了陕西特别是陕南红色文化资源传承和弘扬的路径。本书在研究过程中学习了中共党史、思想政治教育、民族学、传播学、社会学等多学科的理论知识,运用了文献研究法、实地调研法、跨学科分析法等,以期对陕西特别是陕南红色文化资源进行更全面、更充分的系统研究。

第二章　红色文化资源概述

红色文化资源是中国共产党领导全国各族人民在完成救国、兴国大业和推进富国、强国大业进程中形成的，能够体现中国共产党和人民群众崇高品质、革命精神的先进文化资源。

第一节　红色文化资源相关概念界定

红色文化资源是复合概念，有三个关键词：一是红色；二是文化；三是资源。这三个关键词可以组合成意义相近或具有种属关系的四个概念：一是红色文化；二是红色资源；三是文化资源；四是红色文化资源。[①] 在开展陕西特别是陕南红色文化资源相关研究之前，有必要先对涉及的相关概念进行厘清，包括"文化""资源""红色文化""红色文化资源"等概念，在此基础上进行深入研究。

一、红色、文化、资源

（一）红色

红色，一个特殊而非凡的颜色，它给人以燃烧、热情和温暖感。它就像熊熊烈火一样，永远给予着我们无穷的力量和旺盛的斗志，让我们面对困难充满勇气，面对挫折充满信心。它代表着吉祥、喜庆、热烈、幸福、奔放、勇气、斗志、革命、轰轰烈烈、激情澎湃等。在革命战争年代红色是中国共产党及其领导中国人民进

---

① 张泰城．论红色文化资源［J］．红色文化资源研究，2015，1（01）：1.

行革命事业的象征和代名词，诸如红旗、红星、红军、红色组织、红色战士、红色根据地、红色交通员、红色政权、红色中华等。不仅中国共产党人自己这样说和这样认为，社会各界和国际舆论这样说和这样认为，国民党和国民党政府当局也是这样说和这样认为的。中国共产党领导中国人民在长期的革命斗争中，使红色进一步概念化、鲜明化、神圣化，成为其独具特色的旗帜和方向，一直延续至今。在和平建设年代红色是中国共产党及其领导中国人民进行社会主义建设和改革开放事业的象征和代名词，诸如红色基因、红色传统、红色江山等。党的十八大以来，我国设立中国人民抗日战争胜利纪念日、南京大屠杀死难者国家公祭日、烈士纪念日、国家宪法日等纪念日，推动全社会形成知史爱党、知史爱国的浓厚氛围。① 红色是中国共产党、中华人民共和国最鲜亮的底色。在中华人民共和国960多万平方千米的土地上，都有鲜血浸染的红色热土，都有感人至深的红色故事。因此，红色即是革命的颜色，红色即是胜利的颜色，红色即是人民的颜色。

（二）文化

文化乃是"人文化成"一语的缩写，出自《易经》贲卦象辞"刚柔交错，天文也；文明以止，人文也。观乎天文，以察时变，观乎人文，以化成天下"②。文化是非常广泛和最具人文意味的概念，同时亦是众说纷纭、争议较多的概念之一。因此，给文化下一个准确的定义很难。简单来说，文化就是地区人类的生活要素形态的统称，即衣、冠、文、物、食、住、行等。研究者对于文化的概念界定主要有广义和狭义两种，本文采用文化的广义概念。"广义的文化是指相对于经济、政治而言的人类在社会历史实践过程中创

---

① 王炳林. 从历史中汲取走向未来的智慧［N］. 光明日报，2021-03-03.
② 林存光. "文明以止"：中华文明的一大精华［N］. 北京日报，2016-11-07.

造的物质产品和精神产品的总和,狭义的文化是指在物质生产方式基础上产生和发展的语言、文学、艺术及一切意识形态在内的精神产品。"① 从文化的广义概念分析,人类在大自然中从事生产劳动就是在创造人类文明,同时亦是在创造文化。因此,"自然的人化即是文化,文化的实质性含义是人化或人类化,是人类主体通过社会实践活动,适应、利用、改造自然界客体而逐步实现自身价值观念的过程"。② 从文化的狭义概念分析,英国文化人类学家泰勒认为"所谓文化或文明,乃是包括知识、信仰、艺术、道德、法律、习俗以及包括作为社会成员的个人而获得的其他任何能力、习惯在内的一种综合体"。③

文化使人与动物区别开来,人生活在文化之中,而动物生活在自然之中。恩格斯借用了费尔巴哈的一句名言:"当人刚刚脱离自然界的时候,他也只是一个纯粹的自然物,而不是人。人是人、文化、历史的产物。"④ 由此可见,恩格斯认为,文化对人有着标志性意义。对于人类而言,一切都是文化,不仅包括艺术、科学、道德、法律、宗教、哲学,还包括衣食住行以及一切社会活动和生产活动。因此,文化是最广泛的意义体系,包括物质文化、制度文化和精神文化等形式。但从本质而言,文化是打上精神烙印的意义世界,方面、层次、水平的不同,形成了多种文化形态。从内涵而言,文化从实践中获得,并反过来指导实践活动。⑤ 总之,文化是

---

① 中国大百科全书编辑委员会. 中国大百科全书:社会学 [M]. 北京:中国大百科全书出版社,1991.

② 张岱年,方可立. 中国文化概论 [M]. 北京:北京师范大学出版社,2004:3.

③ 中国大百科全书编辑委员会. 中国大百科全书:社会学 [M]. 北京:中国大百科全书出版社,1991.

④ 马克思恩格斯选集:第四卷 [M]. 北京:人民出版社,1972.

⑤ 白学佼. 甘肃红色文化资源融入高校思想政治教育研究 [D]. 兰州:兰州大学,2020.

人类在社会历史发展过程中所创造的物质财富和精神财富的总和，特指精神财富，如文学、艺术、教育、科学等，文化的核心是价值观。

（三）资源

作为经济学概念的资源是指国家或地区拥有的物力、财力、人力等各种物质要素的总称，人类社会依靠资源得以存在和发展。对资源概念的认知大致经历了从自然资源到社会资源的过程。① 最初，资源即是自然资源，即自然界天然存在的，在一定技术、经济条件下能向人们提供生产、生活资料的自然要素与自然条件，包括阳光、空气、水、土地、森林、草原、动物、矿藏等。② 从技术进步和生产力发展的角度来看，经济发展可以分为劳力经济阶段、自然经济阶段和知识经济阶段。劳力经济主要是农业经济时期，劳动者的体力程度决定劳动生产率。自然经济就是工业经济时期，自然资源占有的程度决定经济发展水平。知识经济阶段依靠智力资源的占有，科学技术的作用日渐重要。

马克思在《资本论》中引用威廉·配蒂的观点，认为"劳动是财富之父，土地是财富之母"③，土地即为资源，是可以通过人的劳动产生生产资料和生活资料的来源。恩格斯在《自然辩证法》中认为："其实，劳动和自然界在一起才是一切财富的源泉，自然界为劳动提供材料，劳动把材料转变为财富。"④ 恩格斯认为只有自然界中有用的材料进入人类生产实践才有转化为财富的可能。马克思与恩格斯对于土地、劳动等的看法实际上指出了自然资源的客观

---

① 杨河．马克思主义哲学纲要［M］．北京：北京大学出版社，2003．
② 欧阳金芳，钱振勤，赵俭．人口·资源与环境［M］．南京：东南大学出版社，2009．
③ 马克思恩格斯选集：第二卷［M］．北京：人民出版社，2012．
④ 马克思恩格斯选集：第三卷［M］．北京：人民出版社，2012．

存在，又把人（包括劳动力和技术）的因素视为财富的另一不可或缺的来源。经济社会的发展让人们发现资源并不仅仅是指自然资源，除去自然资源之外，人类社会还有着更多可以被利用开发并形成财富的来源，这类财富来源被归结为社会资源，与自然资源并行不悖，如人力资源、信息资源以及经过劳动创造的各种物质财富等。社会资源同自然资源相比，具有社会性、继承性、主导性、流动性、不均衡性等突出特点。社会性是指不同的社会形态、社会交往会产生不同种类的社会资源，同时社会资源可以超越国界和种族。继承性是指随着社会的发展进步社会资源可以不断积累和扩充，人类通过记录信息的载体继承以往人类的精神财富，即每一代人都是站在前人的肩膀上开始社会生活，并在继承的基础上进行创造，从而推动社会进步。主导性是由人的主观能动性决定的，社会资源转变为财富的过程中无时无刻不蕴含着作为主体的人的意志，人决定社会资源的开发利用。流动性是指社会资源可以在国与国、地区与地区之间流动，不发达国家可以通过相应的政策手段引进发达国家的技术、人才，实现资源全球化。不均衡性是由自然资源分布不均衡、经济政治发展不均衡和社会管理方式有差异造成的，不同于自然资源的客观存在，社会资源受社会所限而具有人文意味。

综上所述，无论是自然资源抑或是社会资源，有用是它们的共同属性。据此而言，所谓资源指的是一切可被人类开发和利用的物质、能量和信息的总称，它广泛存在于自然界和人类社会中，是一种可以用以创造物质财富和精神财富的具有一定量积累的客观存在形态。

（四）红色文化

红色文化区别于其他文化的根本之处在于红色的用意，因此探究红色文化的基本内涵首先要由红色谈起。红色本身只是自然界众多颜色中的一种，是可见光谱中低频末端的颜色，频率为 38 万—48 万赫兹，对应空气中波长为 620—780 纳米，是光的三原色和心理四色之一。但因为红色这个特殊的颜色，它被各国人民赋予了更深刻的含义，红色文化的意义由此引申。13 世纪末的北欧人民在战斗中挂起名为 Baucans 的红飘带，意为宁死不屈，17 世纪红旗所蕴含的反抗意味被固定下来，18 世纪法国大革命中雅各宾派使用红旗来调动群众的革命积极性，并指出这是"烈士的鲜血"，在法国二月革命中，社会主义革命者用红旗替代三色旗，而巴黎公社则直接用红旗当作国旗。1923 年，苏联第一面国旗的背景颜色就是红色，这时红色就成为共产主义的标志，自此红色蕴含的革命意味日益浓厚。中国人民与红色渊源深厚，红色情结流淌在民族血脉中代代相传。在古代传说中，炎帝又称赤帝，黄帝的"黄"字是太阳初升之色，即为红色。作为炎黄子孙的华夏民族对于炎黄二帝的信奉彰显着中华民族强烈的红色崇拜。同样，相传为了避免在除夕夜受到"年"这个怪兽的攻击，百姓们贴上红纸、点亮红灯笼、放红鞭炮的习俗被沿袭至今，红色拥有了辟邪与吉祥之意。历代帝王对红色有着共同的爱好，红色可以衬托出皇帝的权威。明朝和清朝都有规定，呈给皇帝的奏折必须为红色，称之为"红本"，同时皇帝批阅奏折亦用红笔，称之为"朱批"。回顾近代，受巴黎公社的影响，红色蕴含的革命意味在中国得到了发扬光大。在中国共产党领导人民革命、建设、改革的过程中，组建的第一支军队称为红军，开辟的第一个革命根据地瑞金称为红都，召开的中共一大的嘉兴南湖的游船称为红船，五星红旗为中华人民共和国国旗等，无一不彰显红色的革命精神。

综上所述，红色文化不是红色与文化概念的简单相加，而是将中国历史文化中的红色寓意与文化概念有机融合。本书将红色文化定义为革命战争年代、社会主义建设和改革开放以来由中国共产党人、一切先进分子和人民群众共同创造的具有中国特色的特定文化精神和文化形态,是中华民族获得民族独立与自由、实现民族伟大复兴的精神财富。红色文化具有特定的物质载体和明确的精神指向,包括历史文献、文物、文学作品、革命战争遗址、纪念地以及凝聚在其中的革命精神、革命传统、革命历程以及体现在革命时期的政治、经济、文化、思想形态和规章制度等。

(五) 红色文化资源

从资源学视角理解红色文化,突出红色文化的资源特征,即是红色文化资源。根据资源的定义,即广泛存在于自然界和人类社会中一切可被人类开发和利用的物质、能量和信息的总称,因而红色文化资源就是可以被人类开发和利用的红色文化,它更强调红色文化的有用性。红色文化资源是红色、文化和资源三个概念的有机整合。红色规定了红色文化资源的主体和年代,主体是中国共产党和中国人民,年代主要指革命战争时期,还包括社会主义革命和建设及改革开放时期;文化界定了红色文化资源是中国共产党领导各族人民完成的救国、兴国大业及推进的富国、强国大业活动及其结果,表现为文化形态的历史遗存;资源揭示了红色文化可以开发利用并因这种开发利用而产生满足人们需求的新效用或新价值。这三个方面的相互规定与有机整合,就形成了我们理解的红色文化资源,即红色文化资源是中国共产党领导全国各族人民在实现中华民族伟大复兴"中国梦"的历史进程中,在中国特色社会主义伟大建设的实践中,以马克思主义为指导,整合、重组、吸收、优化古今中外先进文化成果生成的革命精神及其载体的总和。[①] 由于现代汉语有强大的"四字组词"的语言习惯,六个字的"红色文化资源"

---

① 张泰城. 论红色文化资源的分类 [J]. 中国井冈山干部学院学报, 2017 (07): 138.

往往被简称为四个字的"红色文化"或"红色资源"。红色文化和红色文化资源并无明显区别,如果说红色文化偏向文化形态是理论层面的研究,则红色文化资源更侧重社会实践中的开发和利用。

红色文化资源既包括革命战争年代遗留下来的遗物、遗迹、遗址等历史遗存及社会主义建设和改革开放新时代修建的纪念碑、纪念馆、展览馆等物质形态的文化资源,也包括革命战争年代及和平年代各种先进的革命事迹、革命文献、革命歌谣、革命文艺、革命精神等非物质形态的文化资源。红色文化资源体现着革命战争年代中国共产党人的革命精神,承载着中国共产党人的初心和使命——为人民谋幸福、为中华民族谋复兴,这种精神来源于中华民族代代相传的优良文化传统,并在长期的救国、兴国、富国、强国的伟大实践中得到继承和发扬,汇聚了自中国共产党成立以来的先进文化,是极具研究价值的生动、鲜活教材。革命斗争的长期性、广泛性及社会主义国家建设的艰巨性、长期性使得红色文化资源历史悠久、内容丰富、形式多样、分布广泛,能以生动真实的事例感染人们,具有极好的教育价值,是开展思想政治教育重要而宝贵的资源。

第二节 红色文化资源的形成条件

红色文化资源作为一种具有独创形式和内容的理论思维,是一种历史产物,是顺应时代的呼唤和在一定的社会历史条件下产生的。红色文化资源形成的时代背景是俄国十月革命的胜利开辟了世界无产阶级社会主义革命的新时代。红色文化资源形成的思想基础是中华民族5000多年文明史所孕育的中华优秀传统文化,理论基础是马克思列宁主义,阶级基础是在五四运动中登上历史舞台的工人阶级以及后来的农民阶级,实践基础是在中国共产党领导下人民为革命、建设事业顽强奋斗、勇往直前的伟大实践。

一、时代背景

红色文化资源主要形成于战争与革命的时代背景下。近代中国是一个半殖民地半封建社会，外无民族独立、内无民主制度，人民深受压迫和剥削，穷困到了极点。因此，中国需要进行一场深刻的社会大革命，以推翻帝国主义、封建主义和官僚资本主义"三座大山"，改变旧的生产关系，解放和发展被束缚的社会生产力。而要实现这种大革命，就需要先进的科学的理论指导。同时，中国人民站起来后，要实现富起来、强起来，进而实现富强、民主、文明、和谐、美丽的社会主义现代化强国同样需要先进的科学理论的指导。

二、思想基础

红色文化资源不是无源之水、无本之木。红色文化资源有着充满真情的家国情怀，中华民族5000年文明历史孕育出的优秀传统文化为其提供了文化沃土，是对中华传统文化的继承、坚持和发展。中华文明源远流长，薪火相传，生生不息，以爱国主义为核心的民族精神和以改革创新为核心的时代精神源远流长，二者相互交融、相互支撑、相互促进，是一个统一整体，共同构成中华民族自立自强的精神基因和精神品格。红色文化作为中华民族精神和时代精神的有机组成部分，是对中华传统文化的继承，是不同时期文化时代性、创新性的展现。① 虽然各种精神的内涵各不相同，但是彰显的共产党人理想信念的坚定、毫不松懈的坚守、一鼓作气的坚

---

① 李倩. 红色文化资源：概念辨析、形成条件与发展历程 [J]. 武夷学院学报，2016（11）：65—66.

持、科学信仰的坚信,从未改变。

三、理论基础

新文化运动的兴起和马克思主义的传入与传播促进了中国红色文化资源的产生。新文化运动沉重打击了统治中国2000多年的传统礼教,启发了人们的民主觉悟,推动了现代科学在中国的发展。红色文化是马克思主义作用于近代中国且与中国实践相结合的产物。红色文化既是马克思主义基本原理同中国具体实际相结合而产生的马克思主义中国化的优秀成果,又与马克思主义中国化相生相伴、相互促进。红色文化形成的过程就是"用马克思主义基本原理指导中国革命和建设、改革的具体实践,把马克思主义基本原理与中国革命和建设、改革的具体实践相结合的过程"。[①] 可以说,没有马克思主义就没有红色文化。毛泽东曾将红色文化称为"中国人民学会了的马克思列宁主义的新文化"。[②] 他深刻地指出:"自从中国人学会了马克思列宁主义以后,中国人在精神上就由被动转入主动。"[③] 马克思主义唯物史观强调人民群众的主体地位,指出人民群众是推动历史发展和社会进步的决定性力量。红色文化同样坚持人民群众的历史主体地位,坚持以人民为中心的价值追求,强调全心全意为人民服务。马克思主义从人类社会发展的一般规律出发,指明共产主义社会是人类最进步、最美好的社会制度,是人类最崇高的社会理想,在这个社会中人民精神境界极大提高,能够实现每个人自由而全面的发展。红色文化同样坚守了共产主义的崇高理想信念。正如习近平总书记所说:"共产主义远大理想激励了一代又

[①] 杨晓苏. 红色文化价值生成的渊源及其核心价值观探究[J]. 学校党建与思想教育, 2014 (09): 32—34.
[②] 毛泽东选集: 第四卷[M]. 北京: 人民出版社, 1991: 1515.
[③] 毛泽东选集: 第四卷[M]. 北京: 人民出版社, 1991: 1516.

一代共产党人英勇奋斗,成千上万的烈士为了这个理想献出了宝贵生命。""砍头不要紧,只要主义真。""敌人只能砍下我们的头颅,决不能动摇我们的信仰。"……这些视死如归、大义凛然的誓言生动表达了共产党人对远大理想的坚贞。理想之光不灭,信念之光不灭。① 马克思主义的集体主义价值观认为"只有在集体中,个人才能获得全面发展其才能的手段,也就是说,只有在集体中才可能有个人自由"。② 显而易见,人生真正价值的实现在于对社会或集体的奉献,实现个人利益与集体利益的根本统一。红色文化秉持了共产主义崇高理想和集体主义的核心价值观,主张"个人服从集体""大公无私""毫不利己,专门利人"。

四、阶级基础

以工人阶级、农民阶级为主体的广大人民群众是红色文化资源形成的阶级基础。马克思在《德意志意识形态》中明确指出,文化在阶级社会中是有阶级性的。任何一种文化都是为某一阶级服务的、代表了该阶级的利益和意志。中国的红色文化代表的是以红色文化的第一创造者工人阶级为主导的包括农民阶级、先进知识分子等在内的广大人民群众的利益和意志。红色文化是为实现最广大人民根本利益服务的文化、是坚持人民的利益高于一切的文化。俄国十月革命的胜利,让中国先进分子看到了人民群众的力量,特别是工人阶级的强大力量。1919 年五四运动的爆发宣告中国工人阶级作为独立的政治力量登上历史舞台。工人阶级的成长、发展、壮大和崛起为红色文化的产生奠定了坚实的阶级基础。由于中国特殊的国情,工人阶级和广大农民有着天然联系,便于结成紧密的工农联

---

① 习近平在庆祝中国共产党成立 95 周年大会上的讲话 [N]. 人民日报, 2016-07-02 (03).

② 马克思恩格斯选集: 第一卷 [M]. 北京: 人民出版社, 1972: 82.

盟。因此，由中国工人阶级的先进分子组成的中国共产党领导下的以工人阶级、农民阶级为主体的广大人民群众是红色文化的主要创造者、传播者和实践者。红色文化是为实现最广大人民根本利益服务的文化。[①] 红色文化来源于人民、服务于人民，因而具有鲜明的阶级性。

五、实践基础

在中国共产党坚强领导下的中国人民进行的革命和建设的艰巨实践，是红色文化资源形成的实践基础。马克思主义认为，社会存在决定社会意识，社会意识是社会存在的集中反映。任何文化的形成和发展都是社会实践的产物。红色文化作为一种社会意识形态同样来源于人民群众的社会实践，来源于中国共产党领导各族人民群众在革命中形成、在建设和改革中不断发展的伟大实践之中。这种意识形态从来不是无源之水、无本之木。实践，认识，再实践，再认识，循环往复。波澜壮阔的中国革命、建设的艰巨而又伟大实践是红色文化产生和形成的最深刻、最直接的源泉，这是辩证唯物论的全部认识论和知行统一观的结果。百年来，在中国共产党领导下的全国各族人民以坚定的马克思主义信仰，高举马克思主义的伟大旗帜，在把马克思主义作为自己领导的革命、建设和改革实践的根本指导思想中产生了红色文化。红色文化承载了中国人民崇高的价值取向、鲜明的政治立场、深厚的群众基础、不懈的奋斗精神。一部红色文化的形成史、发展史就是中国人民的救国史、兴国史、富国史、强国史。在红色文化的引领下，中国人民自力更生、艰苦奋斗，创造了人类社会发展史上惊天动地的发展奇迹和巨大成就。中国特色社会主义进入新时代，中国人民正在以习近平总书记为核心

---

① 刘润为. 红色文化与中国梦 [N]. 人民日报，2013-11-14（07）.

的党中央坚强领导下，以更加坚定的决心、更加昂扬的斗志、更加有力的步伐，向着实现第二个百年奋斗目标奋勇前进，红色文化是激励中国人民战胜前进道路上的惊涛骇浪、推进中华民族伟大复兴"中国梦"的强大精神动力。

第三节 红色文化资源的发展过程

红色文化萌芽于五四新文化运动时期，发端于中国共产党的成立时期，正式形成于新民主主义革命时期，在社会主义革命、建设及改革开放和社会主义现代化建设新时期不断丰富和发展，并在中国特色社会主义新时代继续丰富和创造性发展。新民主主义文化是红色文化的主流，中国特色社会主义初级阶段以马克思主义为核心的文化是红色文化的传承、丰富和发展时期。

一、萌芽于五四新文化运动时期的红色文化（1919 年前后）

五四运动孕育了爱国、进步、民主、科学的伟大五四精神，拉开了中国新民主主义革命的序幕，促进了马克思主义在中国的广泛传播，为中国红色文化的产生奠定了思想基础和理论基础。五四运动后，马克思主义成为中国思想界的强大潮流，李大钊、陈独秀等先进知识分子就是在五四运动的影响下创立了中国共产党，他们也是红色文化的开创者。随后，许许多多的进步青年迅速成长为马克思主义者，毛泽东、周恩来等一批具有初步共产主义思想的先进青年知识分子，走向群众，走向社会，到群众中特别是工人阶级中大力宣传马克思主义思想，极大地促进了马克思主义与中国工人运动的结合，工人阶级通过举行游行示威、大罢工等活动充分显示出自身强大的阶级力量及革命性、组织性最强的优点，这些都为红色文化的生成奠定了坚实的阶级基础。由此可见，五四新文化运动孕育了红色文化。得益于五四新文化运动的红色文化一经发芽，中国人民便开始团结起来，为改变自己的命运而义无反顾地进行不屈不挠的斗争。习近平总书记在纪念五四运动 100 周年大会上强调，五四运动是一场传播新思想新文化新知识的伟大思想启蒙运动和新文化运动，以磅礴之力鼓动了中国人民和中华民族实现民族复兴的志向和信心。①

二、发端于中国共产党成立，正式形成于新民主主义革命时期的红色文化（1921—1949 年）

自 1840 年鸦片战争开始起，中国逐渐成为半殖民地半封建社会。为了改变中华民族悲惨屈辱的命运，中国人民和无数仁人志士进行了千辛万苦的探索和不屈不挠的英勇抗争。封建统治阶级发起洋务运动，农民阶级发动太平天国起义和义和团运动，资产阶级改良派、革命派先后发动戊戌变法、辛亥革命，但最终都归于失败。1917 年俄国十月革命爆发，给苦苦探索救亡图存出路的中国人民指明了方向、提供了全新选择。1921 年 7 月 23 日，党的一大召开，标志着中国共产党的正式诞生。从此，在马克思主义理论的指导和中国共产党的坚强领导下，将马克思主义与中国革命的具体实践相结合，中国人民开始了全新的实践进程，坚持武装斗争，走以农村包围城市，最后武装夺取政权的中国特色的革命道路，在此过程中以毛泽东为代表的中国共产党人使红色文化得以产生。因此，中国共产党的诞生是红色文化生成的主体性基石，是红色文化开始

---

① 习近平出席纪念五四运动 100 周年大会并发表重要讲话 [N]. 人民日报，2019-05-01（01）.

形成的标志。① 在 28 年新民主主义革命的过程中，涌现了无数革命英雄人物，留下了大量可歌可泣的革命事迹，形成了数量众多的革命遗迹。同时，形成了包括红船精神、长征精神、南泥湾精神在内的众多革命精神，这一时期的红色文化资源构成了我国红色文化的主流和源泉。

三、社会主义革命、建设时期及改革开放和社会主义现代化建设新时期的红色文化得到丰富和发展（1949 年 10 月—2012 年 10 月）

中华人民共和国的成立实现了民族独立和人民解放，中国人民真正站起来了。接下来的社会主义革命、建设及改革开放和社会主义现代化建设新时期要实现国家的繁荣富强。在实现这一目标的过程中，红色文化得到了丰富和发展。其中，在社会主义革命和建设时期，红色文化主要体现的是自力更生、艰苦奋斗、勇于开拓、团结协作、永攀科学高峰的精神，包括抗美援朝精神、铁人精神、"两弹一星"精神、雷锋精神、焦裕禄精神、红旗渠精神等。1981年中共中央《关于建国以来党的若干历史问题的决议》指出："中国共产党在中华人民共和国成立以后的历史，总的说来，是我们党在马克思列宁主义、毛泽东思想指导下，领导全国各族人民进行社会主义革命和社会主义建设并取得巨大成就的历史。"② 进入改革开放和社会主义现代化建设新时期以来，红色文化主要体现的坚持和完善社会主义制度的本质及勇于探索、与时俱进、顽强拼搏、改革创新的精神，在开辟中国特色社会主义道路中形成了包括小岗精

---

① 李倩.红色文化资源：概念辨析、形成条件与发展历程［J］.武夷学院学报，2016（11）：67.

② 关于建国以来党的若干历史问题的决议［N］.人民日报，1981-07-01（01）.

神、青藏铁路精神、抗震救灾精神等一系列伟大精神。这些精神激励中国人民奋发图强，顽强拼搏，促使我国经济高速增长，成为世界第二大经济体，同时，成为世界第一大出口国，并于2010年跨入中上等收入国家的行列。这些精神，既蕴含着马克思主义理论基因，又蕴含着中华优秀传统文化基因，是马克思主义与中华优秀传统文化相融合的产物，是极具中国特色的先进文化。

四、中国特色社会主义进入新时代使得红色文化得到继续丰富和创造性发展（2012年至今）

2017年10月18日，习近平总书记在党的十九大报告中指出："中国特色社会主义进入新时代，在中华人民共和国发展史上、中华民族发展史上具有重大意义，在世界社会主义发展史上、人类社会发展史上也具有重大意义。"① 党的十八大以来，以习近平同志为核心的党中央，团结带领全党全国各族人民，举旗定向，谋篇布局，从理论和实践结合上深刻回答了新时代坚持和发展什么样的中国特色社会主义、怎样坚持和发展中国特色社会主义这个重大时代课题。中国特色社会主义进入新时代，在实现社会主义现代化和中华民族伟大复兴"中国梦"这一目标的过程中，新时代铸就了历久弥新、弥足珍贵的精神丰碑，红色文化得到继续丰富和创造性发展，红色文化不断创新，主要体现的创造、奋斗、团结、梦想的"生命至上、举国同心、舍生忘死、尊重科学、命运与共"的伟大抗疫精神②及"上下同心、尽锐出战、精准务实、开拓创新、攻坚

---

① 习近平.决胜全面建成小康社会，夺取新时代中国特色社会主义伟大胜利——在中国共产党第十九次全国代表大会上的报告［M］.北京：人民出版社，2017：12.
② 习近平.在全国抗击新冠肺炎疫情表彰大会上发表重要讲话［N］.人民日报 2020-09-08（01）.

克难、不负人民"的脱贫攻坚精神①等一系列精神谱系。人无精神则不立,国无精神则不强。唯有精神上站得住、站得稳,一个民族才能在历史洪流中屹立不倒、挺立潮头。②同不断出现的困难作斗争,既是物质的角力,更是精神的对垒。伟大事业孕育伟大精神,伟大精神引领伟大事业。红色文化传承了伟大抗疫精神和伟大脱贫攻坚精神基因,它们是当下中华民族和中国社会最为鲜亮的精神坐标。

通过上述分析可知,红色文化资源是马克思主义基本原理与中国革命、社会主义建设、改革开放和社会主义现代化建设新时期以及中国特色社会主义新时代相结合而形成的产物,不同时期形成的红色文化资源与其时代使命是紧密联系在一起的,因而内涵亦有所不同。然而,有一条主线却是贯穿于红色文化发展始终的,那就是以爱国主义为核心的民族精神和以改革创新为核心的时代精神。可以说,中国人民的革命、建设、改革的每一步前进,红色文化的每一次创新发展,都是基于国情和时代特征的与时俱进、大胆创新精神的胜利。没有民族精神和时代精神,就没有马克思主义的中国化,就没有伟大抗美援朝精神、伟大抗疫精神、伟大脱贫攻坚精神等。民族精神和时代精神是红色文化的核心和精髓,是不同时期形成的红色文化的共同点。今天,在推进中华民族伟大复兴"中国梦"的历史进程中,不论风云如何变幻,都要始终坚持马克思主义基本原理与中国具体实际和时代特征相结合,赋予红色文化新形态,不断实现红色文化的与时俱进、创新发展,发挥红色文化的深厚力量。

---

① 习近平. 在全国脱贫攻坚总结表彰大会上的讲话 [N]. 人民日报,2021—02—25(01).

② 习近平. 在全国抗击新冠肺炎疫情表彰大会上发表重要讲话 [N]. 人民日报 2020-09-08(01)

综上所述，萌芽于五四新文化运动时期的红色文化资源，是中国共产党领导各族人民在新民主主义革命时期形成，在社会主义革命、建设及改革开放和社会主义现代化建设新时期得到丰富和发展，在中国特色社会主义新时代继续丰富和创造性发展下去，是以民族精神和创新时代精神为精髓的红色精神及其物质载体的总和。红色文化是一种发展的、开放性的文化，具有与时俱进性。其中，新民主主义文化是红色文化的主导，是红色文化的"源"，而中国共产党领导中国人民在社会主义革命、建设及改革开放和社会主义现代化建设新时期，在中国特色社会主义新时代所形成的精神则是红色文化的"流"，二者相互依存并相互促进，一脉相承。因此，要不断发展和创新红色文化资源，让红色文化资源在实现中华民族伟大复兴"中国梦"的进程中成为战胜各种困难和风险、不断夺取新胜利的强大精神力量和宝贵精神财富。

第四节　红色文化资源的种类

红色文化资源内涵是红色文化资源的根本属性，也是红色文化资源作为一个特殊的种类而区别于其他种类的根本判据。红色文化资源内涵丰富，存在方式的多种多样导致了其类型也呈现出多样化的特点，且可以依据不同标准作不同划分。针对红色文化资源最基本的分类法就是两分法，即将其分为物质形态和非物质形态两大类。目前，学术界对红色文化资源的分类认识不一，比如革命先烈留下的文字材料，在载体上它属于物质，但其真正具有的价值则是因为文字材料中所体现出的红色意识形态，因此这类红色文化资源是属于物质的还是非物质的，是值得研究的方向。

一、物质类红色文化资源

物质类红色文化资源指的是以物质形态存在的红色文化资源，是不可移动的革命历史遗迹、在原址或者他处建立的建筑或者建筑群以及摆放在其中的与重大事件和重要人物活动有关的各种可移动用品用具。这类器物类红色文化资源主要有生产用品、生活用品、办公用品、旗帜牌匾、印信图章、货币票证、证件徽章、邮票邮品、器材工具、武器装备以及各类其他用品用具等。这些器物类展品和藏品作为历史的实证材料，直观形象地反映了时代特征和历史风貌，在历史细节上丰富并深化人们的记忆和认知。历史遗迹和建筑群因为是重大历史事件发生或重要历史人物活动的场所而成为红色文化资源，包括革命根据地、红色旧居、红色旧址、烈士陵园、纪念馆、革命名人故居、展览馆、博物馆等。它们是中国共产党领导广大人民群众在革命、建设、改革奋斗历程中留下的物质资源，是那段峥嵘岁月的历史见证，也是仁人志士为了革命、建设事业英勇奉献的大无畏精神的体现。

物质类红色文化资源在我国有着广泛的分布和收藏。土地革命战争时期和抗日战争时期，中国共产党领导创建了许多革命根据地，如井冈山革命根据地、中央革命根据地、川陕革命根据地、鄂豫陕革命根据地、西北革命根据地、陕甘宁抗日根据地、晋察冀抗日根据地、晋察鲁豫抗日根据地、琼崖抗日根据地等，还有众多革命遗址和纪念地，如八路军西安办事处旧址、洛川会议旧址、陕甘宁边区参议会、延安宝塔、桥儿沟鲁迅艺术文学院等，另外还有中国共产党历史展览馆、中国国家博物馆、毛泽东纪念堂、延安革命纪念馆、陕甘宁革命根据地照金纪念馆等。这些有形的红色文化资源，真实再现了当时的社会状况及革命者、建设者艰苦奋斗的场景，是沟通历史和现实的桥梁，为研究提供了可靠依据，同时给参观者带来如临其境、如历其事、如见其人、如闻其声的感觉,进一步强化了爱国信念和理想信念,使得我们在重温历史的同时,仍然会被革命先辈的光辉事迹深深感动。

二、非物质形态的红色文化资源

学术界对非物质形态的红色文化资源的分类认识也不尽相同。非物质形态的红色文化资源包括文学艺术类、信息文献类和意识形态类等。

(一)文学艺术类

文学艺术类的红色文化资源,指的是在革命战争年代及和平建设时期人们所创作的文学艺术作品。文学艺术作为借助语言、造型、表演等手段反映社会生活的意识形态,具有多种多样的类型,如诗词散文、故事传说、小说剧本、歌谣歌曲、漫画墙报、绘画雕塑、音乐舞蹈、戏曲戏剧等。[1] 不论是红色文学作品还是红色艺术作品的背后,都饱含着对党、对祖国、对人民深沉的爱,既蕴藏着丰富的教育资源,又具有独特的艺术魅力。例如,文学作品《红岩》《红日》《太阳照在桑干河上》《红星照耀中国》《野火春风斗古城》《人生》《平凡的世界》等,红色绘画艺术作品《革命理想高于天》《黄河颂》《幸福渠》《长征》等,红色歌曲《十送红军》《歌唱祖国》《我的祖国》《团结就是力量》《保卫黄河》《走进新时代》等。红色经典美术作品、红色经典歌曲以美为体,以史为魂,依托丰富的历史素材,运用绘画、雕塑、演唱等形式再现党史,生动地再现了建党百年的光辉历程。在美术、歌声中感受党的光辉历史,坚定永远听党话、感党恩、跟党走的信心和决心。

---

[1] 张泰城.论红色文化资源[J].红色文化资源研究,2015(01):7.

(二) 信息文献类

信息文献类红色文化资源指以信息形态存在的记录革命奋斗建设历程和人物活动的书面材料与影像资料等，如数据、文字、符号、标语、语音、图像、照片、歌曲等。文献类的红色文化资源有着多种多样的具体类型，如规章制度、文件报告、指示决定、信函电报、会议记录、布告公告、讲稿笔记、契约文书等，如"红军是穷人的队伍""打土豪分田地"喊出了农民的心声，维护了占中国人口最大多数的劳动群众的根本利益。毛泽东起草的《井冈山土地法》是中国共产党领导下的革命根据地自己颁布的第一部土地法。从而使更多的老百姓拥护中国共产党。这些信息文献类红色文化资源是进行革命史研究的最权威从而也是最重要的直接史料依据，可以唤醒今天人们的记忆，坚定理想信念践行初心使命。

(三) 意识形态类

意识形态类红色文化资源主要是指精神方面的，主要有思想理论、观念观点、精神意志、理想信念、伦理道德、情感情操、价值观念等。由于意识形态是无形的，因而总是要同各种有形的人和物结合在一起才得以显示，或者通过人们的行为得以反映。[1] 中国共产党成立伊始，就高举马克思主义理论的伟大旗帜，坚持将马克思主义基本原理与中国革命、建设、改革的具体实际相结合，不断推动马克思主义中国化、时代化、大众化，产生了中国化的马克思主义，即毛泽东思想和中国特色社会主义理论体系，不断以自己的崇高理想、坚定信念、初心使命、责任担当引领和改造社会意识形态，不断以自己的模范行为和高尚人格为社会做出表率。在领导中

---

[1] 张泰城. 论红色文化资源 [J]. 红色文化资源研究，2015 (01)：7.

国人民完成第一个百年奋斗目标的过程中,在革命、建设、改革中无数共产党人和革命英烈用生命和鲜血铸起了一座座精神的丰碑,形成和开创了中国特色社会主义伟大事业,同时铸就了具有丰富时代内涵和民族特征的革命精神,形成了一脉相承、前后相接的中国革命精神谱系。中国革命精神谱系是以中国化的马克思主义为核心的意识形态。

第五节 红色文化资源的特征

红色文化资源相比于自然资源,文化资源的特征明显,因其存在物质形态和精神形态两大类而具有样态丰富性,还有可资利用的无限性等。因此,其既具有文化资源的共性,亦有着其"红色"二字所体现出的独一无二的特征。

一、内涵的丰富性

红色文化资源是一个极具开放性和包容性的系统,蕴含着丰富的革命精神和文化内涵。每一处遗址遗迹、每一件历史文物、每一部红色经典都深深蕴含着革命先辈们的崇高理想、爱国精神及其高尚品质。尤其是红色精神,更能说明红色文化资源内涵的丰富性。例如,延安红色文化内涵,即延安红色文化是一种以自我革命推进伟大社会革命的政党文化,标志着中国共产党革命文化的发展和成熟;延安红色文化是中国共产党人在不断推进马克思主义中国化过程中形成的朴实无华的"接地气"的革命文化;延安红色文化是延安时期中国共产党人及革命群众最基本的"生活状态",其生活表现和实践表达是乐观自信爱国奋斗的人生态度。①

二、分布的广泛性

在我党领导人民进行长期革命斗争的时期，由于地理条件和群众基础的原因，我党的革命根据地遍布全国，因此在全国各地都留下了极其宝贵的红色文化资源。红色文化资源在空间分布上存在着整体广泛、区域集中的特点。例如，陕西省是全国红色文化资源最丰富的地区之一，涵盖了中国革命的各个时期，数量多、分布广、影响大。又如，中共一大会址、《新青年》编辑部旧址、龙华烈士陵园等。上海是中国共产党诞生和成长的见证地，城市血脉中流淌着红色基因。据统计，上海拥有革命遗址 657 处，现存 440 处。2016 年以来，上海市、区两级投入资金约 7.7 亿元，18 处已经消失的革命遗址纪念场馆建成开放，合计 458 处。可以说，红色基因渗透在了繁华都市的血脉深处。上海的红色文化资源集中成片、层次最高，如位于徐汇的龙华烈士陵园是中国牺牲人数最多、牺牲者层次最高的烈士陵园。② 再如，湖南作为红色资源大省，其省内红色遗址分布非常广泛。湖南省下辖共 13 个地级市和 1 个自治州，每个市、州都有自己代表性的红色资源，这是国内其他省份不可比拟的。③ 截至 2019 年底，陕西全省 118 个市、县（市、区）共普查有 2025 处革命遗址，能够确切证明属于原址，有保护利用条件的革命遗址有 1959 处，由此可证陕西红色文化资源不仅数量多、

---

① 李宏斌.延安红色文化的内涵及其历史特点［N］.光明日报，2019-10-16 (11).
② 挖掘上海红色文化资源　讲好"红色故事"［EB/OL］.光明网 https：//di-fang.gmw.cn/sh/2019-11/27/content_33357521.htm.
③ 王庆辉.试析湖南红色文化资源在国防教育中的运用［J］.凯里学院学报，2014（10）：128.

分布广而且类型较为齐全。除了地理上的分布广泛性之外，随着革命先辈活动足迹的变化，同一个地方往往存在不同历史时期的红色文化资源，这表明红色文化资源在时间分布上也具有一定的广泛性。

三、地方文化的特色性

地方文化是在特定地区内被当地人民群众经年累月创造出的一种文化，是当地物质财富与精神文明的总和，具有鲜明的特点。红色文化资源分布在全国各个地方，且结合了各个地区独特的历史特征和文化遗存等，因此也具有一定的地域特色。如红色文化和陕西辉煌的历史文化、特色鲜明的民俗文化和一定实力的现代文化等不同文化交织在一起，使当地红色文化资源具有地方特色鲜明的特征。五邑地区红色文化资源丰富，仅开平市就有革命烈士纪念碑13个，具有周文雍纪念馆陈铁军纪念馆、开平南楼、司徒美堂故居等著名红色资源。同时，五邑地区红色文化与当地的侨乡文化相融合，独具特色，是革命精神和爱国主义的深化。① 由于当时的革命斗争条件不尽相同，斗争的地理环境也有着显著的差异，因此每个地方的革命历史也是极具当地特色的。由此可见，由于地域的不同，红色文化资源形成于不同的历史文化条件，具有鲜明的地方文化特色。

四、精神的传承性

文化资源具有发展规模大、传播范围广等特点，因此普遍

---

① 龚嘉玲.五邑地区红色文化资源的育人功能及路径研究——以五邑大学为例[J].党史博采，2020（03）：57.

都有较强的精神传承性。而红色文化资源内涵丰富，文化积淀深厚，自身也具有较强的传承性。进入新时代，红色文化资源的传承除了依靠其自身的内涵魅力之外，也改变了以往单一的传播方式，摒弃了通过几张图片讲述其蕴含的革命故事这种空洞无趣的"说教"方式，而是更多地利用新媒体传播以及新型体验活动等方式。例如，系列红色微视频《追寻》、"红色筑梦——'四史'现场讲"系列视频微党课，微视频《为了共产党人的使命》《传承红色基因》等，微动画《答案》，党史微电影《红色气质》，"青年学党史"系列作品之《画说党史》微电影在微信朋友圈被刷屏。这种新型传播方式使得红色精神更容易引起情感共鸣，也更容易为大家所接受，从而起到显而易见的宣传教育效果。红色文化传承的核心是红色文化精神的传承，其可以直接体现在红色实践当中和时代英模身上，并通过开发红色旅游、形成红色影视作品等方式流传下来，对人们产生时代性的和持久性的感召力。

以延安为例，延安是中国革命圣地，延安精神发祥地，全市境内有历史遗迹 5808 处，革命纪念地 445 处，珍藏文物近 7 万件。延安红色基地作为红色文化资源中的一类，以革命遗址、革命纪念物、珍贵文物、革命旧居为重要依托承载了丰富而伟大的红色精神。络绎不绝的来访者可通过参观和听讲解并重的形式学习、了解更多的革命历史知识，而诸如此类的爱国教育就是在发挥传承精神、激发爱国热情的作用。红色文化资源中的红色精神具有历时性、共时性以及时代性。一种革命精神的形成会转化为巨大的精神财富，对各个时代的人们都能起到突破时空限制的激励作用。红色精神传承形式多样，除了上述几种形式，还可以通过网页新闻、微博、微信、抖音等新媒体的广泛宣传，将一些红色文艺作品在全国展示，而其中所蕴含的红色精神也会广泛传播到全国各地。

综上可知，红色文化资源既具有红色、文化、资源这三者的各自特点，亦有着这三个概念有机结合后的特征。

第三章　红色文化资源的表现形态

红色文化资源是中国共产党领导中国人民在革命斗争和建设实践中形成的伟大精神及其载体。红色文化资源作为思想政治教育的重要资源，具有丰富的内涵，可以分为红色文化物质资源和红色文化精神资源。具体来说，红色文化物质资源是指革命遗址遗迹、故居、纪念馆、纪念碑、烈士陵园等物质性表征的资源。红色文化精神资源是专指红色文化的精神层面和精神领域，也就是除了器物层面之外的革命精神形态的资源。仅有物质形态或精神形态的红色文化资源，都不能全面展示红色文化资源深厚的内涵，因此在教育价值的发挥上物质资源要与精神资源相辅相成、相得益彰，物质资源以实物性的展现教育引导人们，精神资源以思想性的引领感化培育人们，共同构成思想政治教育不可或缺的重要资源。

第一节　精神形态的红色文化资源

精神形态的红色文化资源是中国共产党以马克思主义基本原理与中国具体实际相结合的中国化马克思主义为指导，团结领导各族人民在革命年代、建设和改革时期的实践过程中逐步形成的独特的精神谱系即红色文化精神。

一、红色文化精神的内涵

种树者必培其根，种德者必养其心。红色文化是中国共产党团结带领各族人民在反复比较鉴别中选择的以马克思主义为指导，在革命、建设和改革的伟大实践中创造的先进文化,不仅是中国人民价值观念体系中的重要组成部分,更是凝聚国家力量和社会共识的重要精神动力。① 红色文化彰显的是中国共产党以人民为中心的思想,是精神文明的重要成果。

(一) 红色文化精神是对中华民族精神的丰富和发展

毛泽东曾指出:"人是要有一点精神的。"② 这里说的精神指的主要是理想信念和顽强意志,是驱动人们生存创造并有所作为的强大力量。

人无精神不立,国无精神不强。红色文化精神根植于中华民族的文化土壤中,以民族精神为底蕴,汲取了中华民族优秀传统文化营养而不断发展。红色文化精神是自五四运动开始,在完成反帝反封建、推翻"三座大山"过程中逐渐形成的,具有强烈的爱国主义色彩。爱国主义是民族精神的重要组成部分,是中国人民团结奋斗的旗帜。在革命时期,伟大、光荣、正确的中国共产党领导中国人民将这种爱国主义情怀发挥到了极致。在社会主义现代化建设和实现中华民族伟大复兴的进程中,中国人民在中国共产党的团结带领下,将爱国的情感付诸在每个人的行动中,自力更生、艰苦创业,奋发图强,积极探索,取得了一系列的成绩。除了爱国精神外,中华民族优秀传统文化中自强不息的进取精神、和而不同的包容精神、敢于牺牲的革命精神、精诚团结的协作精神、真真切切的实事求是精神等都构成了红色文化精神的文化本源元素。今天的中国人民真正实现了从"温饱"到"小康"再到"全面小康"的跨越,正

---

① 上海市习近平新时代中国特色社会主义思想研究中心. 让红色文化成为铸魂育人的精神动力 [N]. 光明日报, 2019-09-20 (05).
② 《毛泽东文集》第七卷 [M]. 北京: 人民出版社, 1999: 162.

在向着第二个百年奋斗目标一步步迈进，人民精神文化生活丰富多彩，百姓幸福指数不断提升。由此可见，红色文化精神就是以中华5000年优秀传统文化和传统民族精神为母体，按照马克思主义世界观和方法论，在马克思主义基本原理与中国具体实际相结合的中国化过程中发育成长，是对中华民族精神的继承和发扬。

（二）红色文化精神蕴含着至信深厚的共产主义理想信念

共产主义理想是以实现共产主义为基本内容的奋斗目标，是以马克思主义科学理论为指导，建立在社会发展的客观规律之上，是人类最崇高、最美好的理想。共产主义信念是对共产主义的坚定信仰、深厚感情和为共产主义理想而奋斗的坚强意志的集中表现。

红色文化精神的灵魂是坚定的共产主义理想信念。中国共产党一经成立就把实现共产主义作为党的最高理想和最终目标，且在入党誓词里规定："积极工作，为共产主义奋斗终身，随时准备为党和人民牺牲一切，永不叛党。"要求每一个加入党组织的共产党员都要有坚定的共产主义信念。为了实现共产主义理想，中国共产党带领着中华民族不断摸索，为探索正确的革命道路进行艰苦卓绝的斗争，几度风雨几度沧桑，经过28年的浴血奋战，最终取得了胜利，建立了中华人民共和国，谱写了中华民族自强不息的凯歌。

由此可见，在革命战争年代，中国共产党带领人民在进行伟大革命斗争中，用党章规范自己的言行，通过自己的言行把这种坚定的共产主义信念植入人民群众的思想观念中。在不同时代和特定时间，形成了不同时期的红色文化精神，这种精神的内涵以"革命建成社会主义、共产主义的理想信念"为核心。在改革开放的当今，坚定的中国特色社会主义理想信念是红色文化精神的理想信念内涵在新时代的体现,也是红色文化精神的时代化,这一时期的红色文化精神的内涵以"建设中国特色社会主义是共同的理想信念"为核心。

(三)红色文化精神彰显了正确的价值观

价值观指的是在一定的社会条件下,人的全部生活实践对自我、他人和社会所产生的意义的自觉认识①,红色文化精神彰显出来的价值观就是全心全意为人民服务。因为人民群众是历史的创造者,同样也是红色文化精神的创造者,他们在中国共产党的领导下创立、发展并创新了红色文化精神。

人民性是马克思主义最鲜明的品格。全心全意为人民服务是中国共产党的根本宗旨,是共产党人的初心和终极价值追求。毛泽东曾经强调:"共产党人的一切言论行动,必须以合乎最广大人民群众的最大利益,为最广大人民群众所拥护为最高标准。"② 为人民服务是中国共产党的宗旨,是对每个共产党员和干部的最低要求,也是最高要求。所谓最低要求,因为这是每个党员入党时的基本条件,也是每个干部的基本职责;所谓最高要求,因为这是共产党人终身的奋斗目标,是一辈子也干不完的事情。共产党人要通过言传身教,在革命、建设和改革开放的实践中,时时处处为人民服务。坚持全心全意为人民服务的根本宗旨,把群众需要作为第一选择,真心实意为群众办实事、解难事、做好事,保持党同人民群众的血肉联系。同时,不忘初心,为人民服务,把以人民为中心的行为与

---

① 冯契,尹大贻,朱立元,等.哲学大辞典[M].上海:上海人民出版社,2007.

② 赵长芬.从沂蒙精神中汲取为人民服务的强大力量[EB/OL].http://www.ym71.com/a/jiaoxueziyuan/yimengjingshenyanjiu/2019/1208/1062.html.

其他革命行为相结合,升华成价值观念,形成红色文化精神的内涵。在这一过程中,人民群众也逐步形成了为人民服务的价值观念,从而使得红色文化精神具有更加深远广阔的人民性。

二、红色文化精神的创造和发展

红色文化精神的发展经历了四个阶段:诞生发展阶段、过渡发展阶段、转型发展阶段、深化发展阶段。

(一)红色文化精神的诞生发展阶段

诞生发展阶段是指从五四运动到中华人民共和国成立这个历史期间。在这个阶段,为了探索中国的前途和命运,一大批知识分子和青年学生苦苦追寻救国出路,十月革命给中国送来了马克思主义,中国共产党人把马克思主义的普遍真理与中国的具体实际相结合,探索出农村包围城市这条适合中国国情的革命道路。在这条符合中国国情的革命道路上,新的社会结构催生了新的理想信念、新的价值追求和新的生活以及战斗方式,产生了这一时期红色文化精神内涵。这一时期形成的红色文化精神主要有五四精神、红船精神、井冈山精神、苏区精神、长征精神、延安精神、沂蒙精神、红岩精神、抗战精神、西柏坡精神等。

(二)红色文化精神的过渡发展阶段

过渡发展阶段的时间跨度是从1949年中华人民共和国成立到1978年改革开放之前。其间,随着中华人民共和国的成立,国家的主要任务是恢复国民经济、发展工农业生产、改善人民生活,大力进行社会主义建设。此时,红色文化精神的内涵与外延也发生了一些变化,内涵中有"建设社会主义"的元素,外延也更为广泛,红色文化精神形成的时间也比较长。这一时期形成的主要红色文化精神有抗美援朝精神、大庆精神、雷锋精神、焦裕禄精神、红旗渠精神、"北大荒"精神、"两弹一星"精神等。

(三) 红色文化精神的转型发展阶段

从改革开放至社会主义现代化建设新时期，即1978年到2012年为红色文化精神的转型发展阶段。中国共产党在改革开放和社会主义现代化建设新时期团结带领中国人民实现了中华民族从站起来到富起来的伟大飞跃。其间，改革开放成为中国社会的主题，伟大的中国共产党团结带领伟大的人民在中国特色社会主义道路上开拓前进。红色文化精神内涵充满了社会建设和改革开放的元素，新的精神不断形成，以往形成的精神则与时俱进，内涵不断地丰富，完成了从革命精神到新时代语境下的红色文化精神的转变。这一时期形成的主要红色文化精神有女排精神、航天精神、九八抗洪精神、抗击"非典"精神、抗震救灾精神、奥运精神等。

(四) 红色文化精神的深化发展阶段

中国特色社会主义新时代，即2012年至今为红色文化精神深化发展阶段。2012年党的十八大以来，以习近平同志为核心的党中央，团结带领全党全国各族人民，举旗定向，谋篇布局，从理论和实践结合上深刻回答了新时代坚持和发展什么样的中国特色社会主义，怎样坚持和发展中国特色社会主义这个重大时代课题，创立了习近平新时代中国特色社会主义思想。其间，全面深化改革成了中国社会的主题，全面深化改革是推动发展的强大动力。排除万难，努力奋进，以愚公移山的精神锲而不舍地推进改革开放事业，在以习近平同志为核心的党中央坚强领导下，办成了许多过去想办而没有办成的大事，推动党和国家事业取得历史性成就，发生历史性变革，中国的经济、政治、文化、社会、生态文明都进入深化发展阶段。红色文化精神内涵充满了全面深化改革的元素，外延也更为广泛，新的伟大精神不断形成。这一时期形成的主要红色文化精神有伟大抗疫精神、伟大脱贫攻坚精神等。

三、不同历史时期的红色文化精神

红色文化精神不是与生俱来的，而是在一定的年代、一定的区域内形成的，起源于1919年五四运动，诞生于新民主主义革命时期，发展在1949年中华人民共和国成立后，继续深化在改革开放之后。在新民主主义革命时期，红色文化精神主要在革命根据地和解放区形成，它的传播范围有限。中华人民共和国成立后，红色文化精神在全国各地形成，它在全国范围内传播。因此，可以将红色文化精神按时间和地域划分类型。根据革命精神形成的历史时期不同，可以将其划分为新民主主义革命时期、社会主义革命和建设时期、改革开放和社会主义现代化建设新时期、中国特色社会主义新时代。

（一）新民主主义革命时期

中国共产党的革命精神起源于新民主主义革命时期，这一时期党领导人民大众为实现民族独立和人民解放进行伟大革命斗争，形成了红船精神、井冈山精神、长征精神、延安精神、西柏坡精神等革命精神，蕴含着"为有牺牲多壮志，敢教日月换新天"的开拓品质和豪迈情怀。伴随着中国革命的历史进程，这些精神共同构成我们党在朝着目标前进道路上战胜各种困难和风险、不断夺取新胜利的强大精神力量和宝贵精神财富。

第三章 红色文化资源的表现形态

1. 红船精神

红船精神的出现与中国共产党的建立息息相关。党的一大在嘉兴南湖的顺利落幕宣告了中国共产党的诞生。南湖上的红船,也因此见证了在近代中国革命史上具有划时代意义的大事变,见证了"没有中国共产党就没有新中国"的史实,成了中国革命源头的象征,成了先进思想和文化的辐射地,形成了独特的红船精神。1921年7月23日,中国共产党在上海召开了党的第一次全国代表大会,随后,代表们纷纷转移到浙江嘉兴南湖,在一艘游船上召开了最后一大的会议。这条船见证了中国革命历史上开天辟地的大事变——中国共产党的诞生,见证了创党时期的风风雨雨和艰苦岁月,所以它获得了一个永载中国史册的名字——红船。这艘红船被誉为"党的摇篮",是广大党员和人民群众瞻仰的历史圣物,具有重大的历史意义和精神价值。红船精神伴随中国革命,2005年6月21日,习近平同志在《光明日报》发表了《弘扬"红船精神"走在时代前列》的文章,高度概括了红船精神的深刻内涵,将红船精神作为中国共产党的建党精神。他用"一个大党诞生于一条小船"这一极具想象力和美感的语言,阐释了红船精神是中国革命精神之源和党的先进性之源。

红船精神的基本内涵是开天辟地、敢为人先的首创精神,坚定理想、百折不挠的奋斗精神,立党为公、忠诚为民的奉献精神。"红船精神"正是中国共产党革命精神之源:中国共产党历史上形成的优良传统和革命精神,无不与之有着直接的渊源关系。[1] 由此可见,"红船精神"不但集中体现了中国共产党的建党精神,是中国革命精神之源,还昭示着中国共产党人的初心与使命。新时代,

---

[1] 习近平. 弘扬"红船精神"走在时代前列[N]. 光明日报,2005-06-21.

我们要把"红船精神"同"不忘初心,牢记使命"紧密结合起来,使之成为坚持和发展中国特色社会主义、实现中华民族伟大复兴"中国梦"的坚强精神支撑。

2. 井冈山精神

中国革命形势的转折和革命道路的探索是井冈山精神形成的基本历史环境。1927年蒋介石、汪精卫公开叛变革命,背离孙中山联俄、联共、扶助农工的三大政策,勾结帝国主义,把枪口对准共产党人和革命人士,到处腥风血雨,"白色恐怖"笼罩全国,轰轰烈烈的大革命在强敌的突袭下遭到失败。在这一危急关头,以毛泽东同志为代表的中国共产党人"高高打出共产党的旗子"①,1927年8月1日,中国共产党在江西南昌打响了武装反抗国民党反动派的第一枪,秋收起义、广州起义、百色起义等一系列起义此起彼伏。

走向农村的重大抉择是井冈山精神形成的客观条件。城市暴动并不符合中国革命的现实,三次著名的武装起义相继失败。在这个关键时期,毛泽东力排众议,从高瞻远瞩的战略眼光出发,准备向敌人力量薄弱的井冈山地区进军,逐渐开辟了一条农村包围城市的道路。在极其艰苦的革命环境中,革命队伍不仅打退了敌人一次次"围剿",还在土地革命、武装斗争、群众工作中生存下来,扩大了红军,建立了苏维埃政权。毛泽东的《中国的红色政权为什么能够存在?》《井冈山的斗争》《星星之火,可以燎原》等光辉理论篇章,从理论上回答了"红旗到底能打多久"的疑问,坚信井冈山斗争的星星之火势必在全国燃起燎原之势。"工农武装割据"思想和农村

---

① 中共中央文献研究室. 毛泽东年谱(1893—1949)(上卷)[M]. 北京:人民出版社,1993.

包围城市、武装夺取政权的革命道路日渐成熟。

井冈山精神是以毛泽东同志为代表的中国共产党人和革命群众在井冈山艰苦卓绝的斗争中铸就的，其基本内涵是坚定信念、艰苦奋斗、实事求是、敢闯新路、依靠群众、勇于胜利。敢闯新路是井冈山精神的核心，坚定不移的理想信念是井冈山精神的灵魂，一切依靠群众、全心全意为人民服务是井冈山精神的根本。① 因此，2016年2月，习近平总书记在江西考察时指出："井冈山是中国革命的摇篮。井冈山时期留给我们最为宝贵的财富，就是跨越时空的井冈山精神。"② 井冈山精神对于新时代继续走中国特色社会主义道路具有重要的指导意义，对于新时代全面深化改革向纵深推进具有重要的思想引导作用。

3. 长征精神

长征精神是中国共产党领导下的中国工农红军在为时两年长达二万五千里的长征中形成的。长征是中国共产党领导的工农红军在土地革命战争时期，由于第五次反"围剿"失败而在危急关头被迫进行的战略大转移。在漫漫征途中，红军不仅要面对险恶的自然环境，而且还要应对数倍于己的敌人的围追堵截。红色大军最终会聚在了西北黄土高原，会聚在了抗日救亡的前线，史诗般的远征壮举，从此使中华民族有了一段永远都为之骄傲的历史——长征。"在长征途中，英雄的红军，血战湘江，四渡赤水，巧渡金沙江，强渡大渡河，飞夺泸定桥，鏖战独树镇，勇克包座，转战乌蒙山，击退上百万穷凶极恶的追兵阻敌，征服空气稀薄的冰山雪岭，穿越

---

① 孙伟. 让井冈山精神放射出新的时代光芒 [N]. 光明日报, 20018-08-17.
② 宋月红. 井冈山精神的历史形成与深刻内涵 [N]. 光明日报, 2005-07-08 (06).

渺无人烟的沼泽草地，纵横十余省，长驱二万五千里。"① 红军将士用顽强意志征服了人类生存极限，创造了气吞山河的人间奇迹。

2016年10月21日，习近平总书记在纪念红军长征胜利80周年大会上指出："伟大长征精神，就是把全国人民和中华民族的根本利益看得高于一切，坚定革命的理想和信念，坚信正义事业必然胜利的精神；就是为了救国救民，不怕任何艰难险阻，不惜付出一切牺牲的精神；就是坚持独立自主、实事求是，一切从实际出发的精神；就是顾全大局、严守纪律、紧密团结的精神；就是紧紧依靠人民群众，同人民群众生死相依、患难与共、艰苦奋斗的精神。伟大长征精神，是中国共产党人及其领导的人民军队革命风范的生动反映，是中华民族自强不息的民族品格的集中展示，是以爱国主义为核心的民族精神的最高体现。"②

"伟大长征精神，作为中国共产党人红色基因和精神族谱的重要组成部分，已经深深融入中华民族的血脉和灵魂，成为社会主义核心价值观的丰富滋养，成为鼓舞和激励中国人民不断攻坚克难、从胜利走向胜利的强大精神动力。"③ 长征精神是马克思主义基本原理与中国革命具体实际相结合的产物，秉承了5000年中华优秀传统文化和卓越的伟大民族精神，是中国共产党人和红军将士用生命和热血铸就的，是中国人民克难攻坚、迎难而上、披荆斩棘的强大精神动力。

---

① 习近平在纪念红军长征胜利80周年大会上的讲话［N］．光明日报，2016-10-22(02)．

② 习近平在纪念红军长征胜利80周年大会上的讲话［N］．光明日报，2016-10-22(02)．

③ 习近平在纪念红军长征胜利80周年大会上的讲话［N］．光明日报，2016-10-22(02)．

4. 苏区精神

为有牺牲多壮志，敢教日月换新天。经历大革命惨痛失败的中国共产党人，在残酷、严峻的形势下，进行了武装斗争，进而创建革命根据地、展开革命的伟大斗争，用生命和鲜血铸成了光荣的苏区精神。2011年11月，习近平总书记在纪念中央革命根据地创建暨中华苏维埃共和国成立80周年座谈会上指出："在革命根据地的创建和发展中，在建立红色政权、探索革命道路的实践中，无数革命先辈用鲜血和生命铸就了以坚定信念、求真务实、一心为民、清正廉洁、艰苦奋斗、争创一流、无私奉献等为主要内涵的苏区精神。"[1] 苏区精神是土地革命战争中由赣南、闽西革命根据地的基础上发展起来的中央革命根据地（中央苏区）人民和革命战士，在党领导创建、发展和保卫苏区革命实践中培育形成的伟大革命精神；是以毛泽东同志为主要代表的中国共产党人深入实际、调查研究，在实事求是的基础上把马克思主义基本原理与中国革命具体实际有机结合、在艰难困苦中探索中国革命正确道路的伟大实践中培育形成的伟大革命精神；是井冈山精神的深化和发展，是长征精神的先河和直接源泉；是中国革命精神链条上的重要一链。

苏区精神是中华民族精神新的升华，是今天我们正在建设的中国特色社会主义文化的重要来源。

5. 抗战精神

中华民族历经14年艰苦卓绝的浴血苦斗，终于迎来了抗日战争的伟大胜利，这一胜利，是正义战胜邪恶、光明战胜黑暗、进步战胜反动的胜利，为中华民族由近代以来陷入深重危机走向伟大复

---

[1] 李红喜. 全面把握苏区精神的深刻内涵[N]. 光明日报, 2020-07-15 (06).

兴确立了历史转折点。在中国人民抗日战争的壮阔进程中，中华民族实现了民族精神的浴火重生、凝聚升华，形成了伟大的抗战精神。

2020年9月，习近平总书记在纪念中国人民抗日战争暨世界反法西斯战争胜利75周年座谈会上发表重要讲话强调，中国人民在抗日战争的壮阔进程中孕育出伟大抗战精神，向世界展示了天下兴亡、匹夫有责的爱国情怀，视死如归、宁死不屈的民族气节，不畏强暴、血战到底的英雄气概，百折不挠、坚忍不拔的必胜信念。伟大抗战精神是一座精神的高原、精神的丰碑，永远激励中国人民在新时代长征中砥砺奋进。

6. 西柏坡精神

让精神之光，照亮前行之路。作为"进入北平解放全中国的最后一个农村指挥所"——西柏坡，以毛泽东同志为核心的党中央在这个小山村领导了轰轰烈烈的土地改革运动，指挥了辽沈、淮海、平津三大战役，召开了具有伟大历史意义的党的七届二中全会。在这段波澜壮阔的革命实践中，孕育形成了以"两个务必"为核心的西柏坡精神，主要体现为：敢于斗争、敢于胜利的彻底革命精神，头脑清醒、目光远大的胜利者图强自律精神。① 西柏坡精神是实现中华民族伟大复兴"中国梦"而共同奋斗的强大精神力量。

2013年7月，习近平总书记再访西柏坡时指出，西柏坡"是立规矩的地方"，"当年党中央离开西柏坡时，毛泽东同志说是'进京赶考'。60多年过去了，我们取得了巨大进步，中国人民站起来了，富起来了，但我们面临的挑战和问题依然严峻复杂，应该说，

---

① 王彦坤，储峰. 西柏坡精神永载史册［N］. 光明日报，2020-08-19（06）.

党面临的'赶考'远未结束"。[①] 西柏坡精神在确保党始终保持优良作风、始终保持与人民群众的血肉联系、永葆先进性和纯洁性等方面，日益焕发出新的更强的生命力。在实现中华民族伟大复兴的关键时期，我们更要大力弘扬西柏坡精神，走好新时代的"赶考"路。

新民主主义革命时期是我们党团结带领中国人民进行28年浴血奋战，打败日本帝国主义，推翻国民党反动统治，完成新民主主义革命，建立中华人民共和国的时期，也是中国共产党历经艰苦磨难、生死考验，由小到大、由弱到强的成长阶段。这一时期的红色革命精神，虽然在不同阶段，由于任务不同，而各有侧重、各有特色，但也普遍体现出敢为人先、敢闯敢干的开拓精神，坚强不屈、不怕牺牲的斗争精神，实事求是、因时制宜的探索精神。

（二）社会主义革命和建设时期

在社会主义革命和社会主义建设时期，我们党团结带领人民完成了三大改造，确立了社会主义基本制度、消灭中国历史上几千年的封建剥削制度，全面推进社会主义建设，在这一过程中形成了抗美援朝精神、大庆精神、铁人精神、红旗渠精神、雷锋精神、焦裕禄精神、"两弹一星"精神等革命精神，集中反映了中国人民咬定青山不放松、不破楼兰终不还的精神风范。

1. 伟大抗美援朝精神

71年前，战火在朝鲜半岛和中国东北边境地区燃起。这是在交战双方力量极其悬殊的条件下进行的一场现代化战争。面对严峻

---

① 杨静，孙应帅. 弘扬西柏坡精神　走好新时代"赶考"路[N]. 光明日报，2020-08-19（06）.

形势，我们党没有选择忍辱退让，而是以非凡气魄和胆略做出抗美援朝、保家卫国的历史性决策。这种气魄和胆略来源于为和平而战、为正义而战、为国家安全和发展利益而战的强大决心，来源于义无反顾、不怕牺牲的坚定意志。在血与火的战争洗礼中，伟大抗美援朝精神得到锻造和升华。抗美援朝战争奏响了一曲气壮山河的英雄赞歌，锻造了跨越时空、历久弥新的伟大抗美援朝精神。

伟大抗美援朝精神的基本内涵：祖国和人民利益高于一切、为了祖国和民族的尊严而奋不顾身的爱国主义精神，英勇顽强、舍生忘死的革命英雄主义精神，不畏艰难困苦、始终保持高昂士气的革命乐观主义精神，为完成祖国和人民赋予的使命、慷慨奉献自己一切的革命忠诚精神，以及为了人类和平与正义事业而奋斗的国际主义精神。[①] 我们必须牢记并践行这种伟大精神。2020年10月，习近平总书记在纪念中国人民志愿军抗美援朝出国作战70周年大会上强调："伟大抗美援朝精神跨越时空、历久弥新，必须永续传承、世代发扬。"伟大抗美援朝精神是新时代面对百年未有之大变局、实现第二个百年奋斗目标弥足珍贵的精神财富，是汲取新时代奋进的精神动力。

2. 大庆精神、铁人精神

大庆精神、铁人精神是中国共产党伟大精神在社会主义建设时期的开篇之作，彰显中国特色，反映民族精神，凝聚发展力量[②]。大庆精神、铁人精神充分体现了大庆石油人以振兴国家石油事业为己任的强烈爱国主义情怀和担当奋进作为，成为激励中华儿女为国

---

① 刘光明. 抗美援朝精神的丰富内涵[N]. 光明日报, 2020-08-26 (06).
② 兰丽影. 传承大庆精神铁人精神的时代价值[N]. 黑龙江日报, 2019-10-29 (10).

争光、为民族争气的一面时代旗帜。

大庆精神以及被具象化的大庆精神——铁人精神。以爱国、创业、求实、奉献为主要内涵的大庆精神、铁人精神，是在大庆油田开发建设的艰苦环境和激情岁月里形成的，是激励中国人民不惧艰险、勇往直前的宝贵精神财富。

大庆精神形成的时期，是西方敌对势力无视中国、封锁中国，是苏联背弃中国、逼债中国，是世界反华势力图谋扼杀年轻的中华人民共和国于摇篮之中的艰难岁月。大庆精神的形成时期，是国家工业化建设尚处于早期阶段，极度缺油，全国范围连续三年发生饥荒的极端困难时期。大庆精神形成的地方，是沼泽连片、酷暑严寒、荒无人烟的极端贫困的地方。大庆精神形成的条件，是财政困难、物资匮乏、设备简陋、技术落后，生产、生活极端艰苦的条件，这是大庆精神形成的客观条件。然而，创造大庆精神的队伍，是一支英雄的复合式队伍，号称"一场会战十三路"，包括来自玉门油田等全国老油田的老骨干、老模范、老前辈，来自沈阳军区、南京军区、济南军区，特别是著名的石油师的专业复员官兵，来自地方政府（特别是黑龙江地区）的干部、地方企事业单位职工，大专院校（特别是石油大专院校）的师生，以及后来源源不断加入的地方农民，还有来自石油战线特别是石油部机关乃至石油部部长、副部长等领导人，这是大庆精神产生的主观条件。在这样的社会历史条件下，20世纪60年代在震惊中外的大庆石油大会战、职工艰苦卓绝的创业实践过程中，形成了以"爱国、创业、求实、奉献"为基本内涵的大庆精神。

大庆精神的丰富内涵是以爱国主义为核心的民族精神和以改革创新为核心的时代精神的结合，包括为国争光、为民争气的爱国主义精神，独立自主、自力更生的艰苦创业精神，讲究科学和实践、

"三老四严"（对待革命事业，要当老实人，说老实话，办老实事；对待工作，要有严格的要求，严密的组织，严肃的态度，严明的纪律）的求实精神，胸怀全局、为国分忧的奉献精神。大庆精神是中国共产党的伟大精神，是宝贵的精神资产。坚持和发扬大庆精神，是建设社会主义现代化强国的需要、人的全面发展的需要、企业科学发展的需要、繁荣社会主义市场经济的需要、实现中华民族伟大复兴的需要。

铁人精神是伟大时代呼唤伟大精神，伟大事业更需要榜样引领。"铁人精神"是中华民族精神的重要组成部分，是历久弥新、永不褪色的宝贵精神财富，是激励中华儿女拼搏奋进、担当作为、干事创业的强大精神动力。"铁人"王进喜在为新中国石油工业的发展和社会主义建设立下不朽功勋的同时，也留下了宝贵的精神财富——以"爱国、创业、求实、奉献"为主要内容的"铁人精神"。[①] 铁人精神是大庆精神的具体化、人格化。

铁人精神内涵丰富，主要是："为国分忧，为民争气"的爱国主义精神；为"早日把中国石油落后的帽子甩到太平洋里去""宁肯少活 20 年，拼命也要拿下大油田"的忘我拼搏精神；为革命"有条件要上，没有条件创造条件也要上"的艰苦奋斗精神；"要为油田负责一辈子""干工作要经得起子孙万代检查"，对技术精益求精，为革命"练一身硬功夫、真本事"的科学求实精神；"甘愿为党和人民当一辈子老黄牛"，不计名利，不计报酬，埋头苦干的无私奉献精神。这一精神是铁人自身的品格与许许多多石油战线先进人物精神境界的融合。铁人精神有着不朽的价值和永恒的力量。要为人民谋幸福、为民族谋复兴，必须弘扬铁人精神，凝聚起强大的

---

① 燕胜三. 奋斗新时代还需"铁人精神"[J]. 中国党政干部论坛，2018.

精神力量,在新起点上实现新突破。

4. 红旗渠精神

河南省林县(今林州市)位于太行山东麓,历史上属于严重干旱地区。中华人民共和国成立后,党和政府极为关心林县的缺水问题。1959年夏天,林县党委提出,从林县穿越太行山到山西,斩断浊漳河,将水引进林县,彻底改变林县的缺水状况。这个计划得到了河南省委和山西省委的支持。1960年2月红旗渠开工,历经14年奋斗,到1974年8月工程全部竣工,10万英雄儿女在万仞壁立、千峰如削的太行山上建成了全长1500千米的"人工天河"——红旗渠。如果把红旗渠所挖砌土石垒筑成高2米、宽3米的墙,可纵贯祖国南北,把广州与哈尔滨连接起来。20世纪70年代,周恩来曾自豪地向国际友人介绍,中华人民共和国有两大奇迹,一个是南京长江大桥,另一个是林县红旗渠。红旗渠不但解决了林县人民生产生活用水问题,还改变了林县城乡面貌,更孕育了"自力更生、艰苦创业、团结协作、无私奉献"的红旗渠精神。习近平总书记指出:"红旗渠精神是我们党的性质和宗旨的集中体现,历久弥新,永远不会过时。"[1] 红旗渠精神与井冈山精神、延安精神等一道构成伟大的中国精神,是党和国家的宝贵精神财富。

"自力更生、艰苦创业、团结协作、无私奉献"的红旗渠精神与首创、奋斗、奉献的"红船精神"的精髓高度契合、一脉相承,充分诠释了共产党人的初心和使命、担当和情怀、风骨和操守,是我们党在前进道路上战胜各种困难和挑战、不断夺取新胜利的强大精神力量和宝贵精神财富。红旗渠精神不仅属于历史,更属于当代和未来。伟大的时代需要伟大的精神,在开启全面建设社会主义现

---

[1] 新中国70年铸就的伟大精神 红旗渠精神[N],人民日报,2019-05-09(09).

代化国家新征程、向第二个百年奋斗目标进军,需要我们以习近平新时代中国特色社会主义思想为指引,结合新的时代特点大力弘扬红旗渠精神。

精神的力量是无穷的,红旗渠精神是实现"中国梦"的典范,激励了一代又一代人为建设更加美好的生活艰苦创业、不懈奋斗。面对新时代的新形势新任务,我们要接过历史的接力棒,继续大力弘扬红旗渠精神,把红旗渠精神注入行动中,以气壮山河的磅礴精神伟力推动党和人民事业不断取得新的辉煌和胜利。[1]

4. 雷锋精神

雷锋精神,是以雷锋(1940—1962)的名字命名的、以全心全意为人民服务和无私奉献精神为基本内涵的、在实践中不断丰富和发展的革命精神。雷锋,一个平凡而伟大的士兵,以其短暂的一生谱写了壮丽的人生,树起了一座不朽的道德丰碑;雷锋精神,一座内涵丰富、意蕴深刻的精神宝库,以其与民族传统美德、社会进步潮流、党的先进本色相契合的魅力,内化为中华民族的文化基因,成为我们这个时代精神文明的同义语。雷锋精神的丰富内涵是:热爱党、热爱祖国、热爱社会主义的崇高理想和坚定信念,服务人民、助人为乐的奉献精神,干一行爱一行、专一行精一行的敬业精神,锐意进取、自强不息的创新精神,艰苦奋斗、勤俭节约的创业精神。

习近平总书记在辽宁省抚顺市向雷锋墓敬献花篮并参观雷锋纪念馆时指出:"雷锋是时代的楷模,雷锋精神是永恒的。实现中华

---

[1] 李恩东. 让红旗渠精神在新时代彰显价值内涵 [N], 光明日报, 2018-07-25 (05).

民族伟大复兴,需要更多时代楷模。"① 我们要做雷锋精神的忠实传承者和社会主义核心价值观的模范践行者,以实际行动弘扬雷锋精神,让学习雷锋精神在祖国大地蔚然成风,为实现中华民族伟大复兴的"中国梦"发光发热。

5. 焦裕禄精神

焦裕禄同志是人民的好公仆,是县委书记的榜样,也是全党的榜样。中国共产党历来高度重视学习弘扬焦裕禄精神。几十年来,党和国家领导人分别从不同角度对焦裕禄精神有过概括和提炼。毛泽东亲切接见焦裕禄的家属;邓小平为大型纪实文学《焦裕禄》题写书名;江泽民题词"向焦裕禄同志学习,全心全意为人民服务";胡锦涛同志在纪念焦裕禄同志逝世30周年大会上发表重要讲话。2009年4月,习近平总书记在河南调研时把焦裕禄精神概括为亲民爱民、艰苦奋斗、科学求实、迎难而上、无私奉献。2014年3月,第二批党的群众路线教育实践活动中,习近平总书记从贯彻党的群众路线的角度对"焦裕禄精神"作了四个方面的概括,即"心中装着全体人民,唯独没有他自己"的公仆情怀;凡事探求就里、"吃别人的馍没味道"的求实作风;"敢教日月换新天""革命者要在困难面前逞英雄"的奋斗精神;艰苦朴素、廉洁奉公、"任何时候都不搞特殊化"的道德情操。2014年8月,习近平总书记在京听取兰考县和河南省党的群众路线教育实践活动情况汇报时,又把焦裕禄精神概括为"三股劲",即要学习弘扬焦裕禄同志对群众的那股亲劲、抓工作的那股韧劲、干事业的那股拼劲。② 习近平

---

① 戴木才.雷锋精神的丰富内涵[N].光明日报,2020-09-16(06).
② 郭彦森.焦裕禄精神的丰富内涵和时代价值[EB/OL].https://theory.gmw.cn/2019-07/23/content_33020801.htm.

总书记这样评价焦裕禄精神:"无论过去、现在还是将来,都永远是亿万人们心中一座永不磨灭的丰碑,永远是鼓舞我们艰苦奋斗、执政为民的强大思想动力,永远是激励我们求真务实、开拓进取的宝贵精神财富,永远不会过时。"

焦裕禄已经离开我们 50 多年了,但他的崇高精神跨越时空、历久弥新,焦裕禄精神是永恒的。焦裕禄精神和井冈山精神、延安精神一样,体现了共产党人精神和党的宗旨,要大力弘扬。学习焦裕禄的奋斗精神,助力实现伟大梦想;学习焦裕禄的敢做善成,助力进行伟大斗争;学习焦裕禄的党性立场,助力推进伟大工程;学习焦裕禄的求实作风,助力建设伟大事业。

6. "两弹一星"精神

1964 年 10 月,罗布泊一声巨响,伴随一团蘑菇云升起,我国第一颗原子弹爆炸成功;1967 年 6 月,我国第一颗氢弹空爆试验成功,成为世界上第四个掌握氢弹技术的国家;1970 年 4 月,我国第一颗人造卫星发射成功,成为世界上第五个独立发射卫星的国家。这是广大研制工作者在攀登现代科技高峰的征途中创造的奇迹,把热爱祖国、无私奉献、自力更生、艰苦奋斗、大力协同、勇于攀登的"两弹一星"精神永久地镌刻在中国大地上。这一精神形成于 20 世纪 50—70 年代,是我国老一辈科学家在自主完成原子弹和氢弹爆炸、导弹飞行和人造卫星发射的过程中,自觉培育践行的一种崇高精神,是爱国主义、集体主义、社会主义精神和科学精神的突出体现,是中国人民在社会主义建设时期为中华民族创造的宝贵精神财富。

"热爱祖国、无私奉献"是"两弹一星"事业奋斗者的共同追求和崇高境界,是中华民族优秀传统和时代精神在新中国尖端技术领域的集中体现。"自力更生、艰苦奋斗"是"两弹一星"精神的实质,是"两弹一星"伟大事业成功的根本保障。"大力协同、勇于登攀"是成就"两弹一星"事业的重要保证,充分体现了依靠集体智慧协同攻关的集中力量办大事的社会主义制度优势。① 我国"两弹一星"的事业是集体的事业,它取得的每一次成功,都凝聚着千万人的奋斗和创造,辉煌和光荣属于每一个在这条战线上大力协同、勇于登攀的无名英雄,属于全体中国人民,属于自强不息的中华民族!

2020年9月11日,习近平总书记在科学家座谈会上明确要求广大科技工作者要"弘扬'两弹一星'精神,主动肩负起历史重任,把自己的科学追求融入建设社会主义现代化国家的伟大事业中去"。新时代,我们要传承好、发扬好"两弹一星"精神,继续把爱国之情、报国之志和奋斗精神融入民族复兴的伟大事业中、融入人民创造历史的伟大奋斗中,不断走向新的辉煌。

社会主义革命和建设时期体现了敢于超越、奋勇争先的进取精神,艰苦奋斗、埋头苦干的实干精神,自强不息、百折不挠的斗争精神,时不我待、只争朝夕的拼搏精神等,集中体现了全国各族人民对建设社会主义新中国的满腔热情的殷切期盼。

(三)改革开放以后

党的十一届三中全会以来,党团结带领全国各族人民解放思想、实事求是、大胆地试、勇敢地闯,干出了一片新天地,改革创新始终是激励中国人民在进行伟大斗争、建设伟大工程、推进伟大事业中奋力拼搏的精神力量。改革开放以来形成的特区精神、伟大抗疫精神、伟大脱贫攻坚精神等,这些精神是中国共产党以人民为

---

① 唐洲雁,杨雪纯."两弹一星"精神的深厚意蕴[N],光明日报,2020-10-14(06).

中心、不忘初心使命的生动写照，是中国人民弥足珍贵的精神财富，我们要倍加珍惜。

1. 特区精神

20世纪80年代，为推进改革开放和社会主义现代化建设，我国决定兴办经济特区。在经济特区，中国政府允许外国企业或个人以及华侨、港澳同胞进行投资活动并实行特殊政策。自成立以来，各个经济特区充分发扬敢闯敢试、敢为人先、埋头苦干的特区精神，充分发挥了改革"试验田"和对外开放重要"窗口"作用。

40多年弹指一挥间，经济特区作为"拓荒牛"创造了太多的"第一"：创办国内第一个出口加工区、第一个推行"超计划利润提成奖"、发行第一张股票……受益于特区政策和特区精神，一代代创业者们已经在各个领域成长起来、发光发热，他们在充满科技感和速度感的"智造车间"中找寻支撑未来预期的线索，在改革开放的先行地、实验区找寻解锁"现代化大国"的密钥，无数执着于梦想的年轻企业和生力军用最新鲜的发展案例和扎实的发展数据为新时代高质量发展提供助力。

习近平总书记在深圳经济特区建立40周年庆祝大会上的重要讲话中强调，要弘扬以爱国主义为核心的民族精神和以改革创新为核心的时代精神，继续发扬敢闯敢试、敢为人先、埋头苦干的特区精神，激励干部群众勇当新时代的"拓荒牛"。[①] 新时代，我们要在党的领导下汲取特区精神的伟大时代力量，务实求变、务实求新、务实求进，以昂扬的精神状态乘风破浪，续写新的传奇。

---

① 靳晓燕，王忠耀，党文婷，等．特区精神：敢为天下先勇当"拓荒牛"[N]．光明日报，2020-10-28（05）．

2. 伟大抗疫精神

2020年9月8日，全国抗击新冠肺炎疫情表彰大会在京隆重举行，会议有两项内容，一是习近平总书记向国家勋章和国家荣誉称号获得者颁授勋章、奖章；二是习近平总书记发表重要讲话。讲话强调，在这场同严重疫情的殊死较量中，铸就了伟大抗疫精神。这种精神同中华民族长期形成的特质禀赋和文化基因一脉相承，是爱国主义、集体主义、社会主义精神的传承和发展，是中国精神的生动诠释，丰富了民族精神和时代精神的内涵。

伟大抗疫精神有着"生命至上、举国同心、舍生忘死、尊重科学、命运与共"①的丰富内涵。生命至上体现了以人民为中心的价值追求；举国同心是同甘共苦的团结伟力；舍生忘死是以生命赴使命的顽强意志；尊重科学是历久弥坚的实践品格；命运与共是和衷共济的道义担当。伟大抗疫精神是中国精神的生动诠释，是当下的中华民族和中国社会最为亮丽的精神标识，必将凝聚起全面建设社会主义现代化国家、实现中华民族伟大复兴的强大力量。

3. 伟大脱贫攻坚精神

2021年2月25日，习近平总书记在全国脱贫攻坚总结表彰大会上强调，经过全党全国各族人民共同努力，在迎来中国共产党成立100周年的重要时刻，我国脱贫攻坚战取得了全面胜利，现行标准下9 899万名农村贫困人口全部脱贫，832个贫困县全部摘帽，12.8万个贫困村全部出列，区域性整体贫困得到解决，完成了消

---

① 习近平在全国抗击新冠肺炎疫情表彰大会上发表重要讲话 [EB/OL]. https://www.ccps.gov.cn/xtt/202010/t20201015_143969.shtml.

除绝对贫困的艰巨任务，创造了又一个彪炳史册的人间奇迹！① 脱贫攻坚是中国共产党带领人民群众实现共同富裕目标的生动体现。

伟大事业孕育伟大精神。脱贫攻坚伟大斗争孕育了上下同心、尽锐出战、精准务实、开拓创新、攻坚克难、不负人民的脱贫攻坚精神②。脱贫攻坚精神不仅为中国精神的弘扬筑起了一座新的精神丰碑，而且成为推动新时代中国战胜一切风险挑战的重要精神动力。③ 脱贫攻坚精神是中国共产党以人民为中心宗旨的生动诠释，坚持以人民为中心的发展思想，坚定不移地走中国特色共同富裕道路是中国共产党始终如一的追求和信念。

恩格斯说："一个知道自己的目的，也知道怎样达到这个目的的政党，一个真正想达到这个目的并且具有达到这个目的所必不可缺的顽强精神的政党——这样的政党将是不可战胜的。"④ 伟大的中国共产党正是这样一个政党。从50多人的团体发展壮大为9600多万名党员的世界最大政党，不到一个世纪，成功地将一个饱受欺凌、一穷二白的国家，塑造成越来越接近世界舞台中央的世界第二大经济体，带领中国人民实现从站起来、富起来到强起来的伟大跨越。

---

① 全国脱贫攻坚总结表彰大会在京隆重举行．习近平向全国脱贫攻坚楷模荣誉称号获得者等颁奖并发表重要讲话［N］．光明日报，2021-02-26（01）．
② 全国脱贫攻坚总结表彰大会在京隆重举行．习近平向全国脱贫攻坚楷模荣誉称号获得者等颁奖并发表重要讲话［N］．光明日报，2021-02-26（01）．
③ 曾汉君，刘增辉．伟大脱贫攻坚精神的时代意义［N］．南方日报，2021-03-15（A11）．
④ 马克思恩格斯全集：第三十九卷［M］．北京：人民出版社，1974：139．

第二节 物质形态的红色文化资源

物质形态的红色文化资源包括革命战争年代、社会主义建设及改革开放以来境内遗留下来的大量革命战争遗址、历史文物、纪念地、领导人旧居、纪念馆以及声音、图像、照片、歌曲、标语等实物形态,这是红色文化资源的现实体现。这些实物的文化形态是红色文化的外显部分,它见证了中国共产党人和革命群众在中国革命、社会主义建设及改革开放中的每个历程,是红色文化活动方式的载体。具体而言,红色文化资源的物质形态包括党的重要机构旧址、重要领导人旧居及活动地、重要事件、重大战役战斗遗址、具有重要影响的革命烈士事迹发生地或墓地等,也包括中华人民共和国成立后兴建的内容涉及新民主主义革命的各类纪念馆、展览馆等纪念设施,以及能够反映革命、建设时期及改革开放以来党的重要历史活动、进程、思想、文化的各种遗迹等。

一、红色革命遗址

全国范围红色革命遗址数量较多的有上海市、江西省、陕西省、浙江省、云南省、甘肃省等地区。

上海是中国的第一个共产党组织、中国的第一个社会主义青年团组织、中国共产党领导全国工人运动的第一个总机关的诞生地,近代上海独特的区位、政治、格局,孕育和铸就了中国共产党。上海是培养革命志士的摇篮,是全国的"红色之源",在中国共产党的历史上有着极其重要的地位,无数仁人志士在这片土地上抛头颅、洒热血,孕育了党组织的老渔阳里 2 号和兴业路 76 号;记录了《共产党宣言》印刷的成裕里；见证了周恩来、邓小平等党的领导人身影的青海路善庆坊等。一个个红色地标，都是上海历史进程中浓墨重彩的一笔。①

山西省共有3 490处红色革命遗址，山西省革命遗址主要集中在晋中市和长治市。抗日战争时期，晋中市是中共中央北方局、八路军总部（前方总部）、八路军第一二九师师部、晋冀鲁豫边区政府等高级党政军机关活动时间较长的地区，留下了一批重要的革命遗址，在536处革命遗址中，与第一二九师有关的就达200余处。长治市是革命老区，是太行、太岳敌后抗日民主根据地的重要组成部分，也是抗战胜利后解放区军民为保卫胜利果实打响的第一战——上党战役的发生地，现留下了老一辈无产阶级革命家的光辉足迹和遗址519处。在革命遗址类别中，重要党史（历史）事件和重要机构旧址有1 412处，重要党史（历史）事件及人物活动纪念地有727处，革命领导人（重要人物）故居有218处，烈士墓有197处，纪念设施有554处。其中，被列入全国重点文物保护单位的有麻田八路军总部纪念馆、黄崖洞保卫战烈士陵园、白求恩纪念馆、朱德总司令在陵川旧址、刘胡兰纪念馆、晋绥边区革命纪念馆、晋绥解放区革命烈士陵园、晋绥军区司令部遗址、晋西北行政公署遗址等。②

江西是中国革命的摇篮、人民军队的摇篮、人民共和国的摇篮和中国工人运动的策源地。江西革命遗址共有2 423处，这些遗址包括党的重要机构旧址及重要党史人物的故居、旧居、活动地，重

---

① 1 000个红色革命文化遗址，传递着怎样的城市精神［EB/OL］. http://www.sh.xinhuanet.com/2020-06/10/c_139128240.htm.

② 山西省共有3 490处红色革命遗址［EB/OL］. https://www.chinanews.com/cul/2011/05-27/3072151.shtml.

要的党史事件、重大战役战斗遗址,具有重要影响的革命烈士事迹发生地等各种遗迹,以及对巩固壮大爱国统一战线具有启迪意义的遗址。在江西的革命遗址中,赣州市、吉安市数量最多,分别达666处、543处;全省共有重要党史事件和重要机构旧址882处,国家级文物保护单位154处,国家级爱国主义教育基地204处。①

截至2019年,陕西全省118个市县共有2 025处革命遗址,能够确切证明属于原址,有保护利用条件的革命遗址有1 959处,这些遗址串联起来,就能清晰地呈现出革命先辈在三秦大地上留下的座座精神标识。②

云南省近40年,特别是党的十八大以来,以习近平同志为核心的党中央高度重视学习党的历史,全省各级党史部门积极主动作为,围绕中心、服务大局,党史研究和资政服务成果丰硕,成效显著,革命遗址保护利用取得重大突破,认真开展全省革命遗址普查。全省共有革命遗址1 903个,其他革命遗址362个,共计2 265个,数量居全国前10位。③

浙江省是较早开展党的活动的省份之一,省内现存的大量革命遗址、遗迹和纪念地,是中国共产党领导人民浴血奋战、艰苦创业的历史见证,是进行爱国主义教育和开发红色旅游的重要载体。经过省、市、县党史部门共同努力,全省共梳理出党史胜迹

---

① 江西红色资源"家底"厚 目前确认革命遗址2 423处[EB/OL]. http://www.crt.com.cn/news2007/News/jryw/2009/1117/091117155563AA9IB8EJBAA4DC166IF.html.

② 陕西118个市县共有2 025处革命遗址[EB/OL]. https://ishare.ifeng.com/c/s/7oSbEIHDR7j.

③ 云南省庆祝中国共产党成立100周年系列新闻发布会党史研究成果丰硕 革命遗址保护利用取得突破[N]. 云南日报,2021-05-09(03).

1 615处①。

甘肃省是全国范围内红色文化资源数量最多的省份之一,甘肃省党史部门的普查显示,有遗址遗迹720余处。纵览全部的革命遗址,可以分为红军长征途中形成的遗址遗迹、陕甘宁边区革命建设中形成的遗址遗迹、红西路军艰苦奋斗中形成的遗址遗迹、抗日战争时期形成的遗址遗迹、解放战争时期形成的遗址遗迹等。②

二、领导人故居

国家领导人一般为中央层面的高级领导人的统称。领导人的故居,是文物,也是物质形态的红色文化资源,更是重要的红色旅游资源。

毛泽东同志故居,位于湖南省湘潭市韶山市韶山乡韶山村土地冲上屋场,坐南朝北,为"凹"字形建筑。总建筑面积472.92平方米。主要景点是毛泽东同志故居、韶山毛泽东同志纪念馆、毛泽东广场、滴水洞。1997年7月,毛泽东同志故居入选中宣部首批全国爱国主义教育基地。2016年12月,毛泽东同志故居被列入《全国红色旅游经典景区名录》。

周恩来同志故居,位于江苏省淮安市淮安区驸马巷,故居由东西相连的两个宅院组成,整个建筑是青砖、灰瓦、木结构平房,具有明清时期典型的苏北城镇民居建筑风格,占地1 987.4平方米,共有大小房屋32间。1979年3月5日正式对外开放,邓小平题写馆名,为全国重点文物保护单位、全国中小学爱国主义教育基地。

---

① 追寻红色印记 浙江省党史胜迹共有1 615处[EB/OL].http://www.crt.com.cn/news2007/News/zjzxdt/1099153847D1FE360JD1IC8G2FGEEA.html.

② 白学佼.甘肃红色文化资源融入高校思想政治教育研究[D].兰州:兰州大学,2020.

邓小平故居，位于四川省广安市广安区协兴镇牌坊村，面积3.19平方千米，主要景点近20处，邓小平故居是第一批全国中小学生研学实践教育基地。2013年10月11日，四川省广安市邓小平故居风景区正式被国家旅游局批准为国家5A级旅游景区，成为四川省第九家国家5A级旅游景区。2016年12月，被列入《全国红色旅游经典景区名录》。2018年9月，被评选为"天府十大文化地标"。

上述国家领导人的故居和围绕领导人的历史故事形成了丰富的红色旅游资源。今天的人们走进领导人故居的红色旅游，既是红色精神教育的大课堂，更是革命传统教育方式的创新，可以让人们静下心来思考，从而心灵得以净化，灵魂得以洗礼，精神得以升华。

三、红色文化产品

除了红色革命遗址，物质形态的红色文化资源还有红色文化产品，如专著、传记、日记、小说、故事、传说、戏剧、诗词、歌曲、标语、口号、绘画、剪纸等各类形式的文化产品。

诗词方面。长征为毛泽东进行诗词创作提供了丰富的源泉，这个时期成为他一生中诗词创作的一个高峰期。毛泽东在艰苦行军作战的同时创作了流芳后世的伟大诗篇，主要有《十六字令三首》《忆秦娥·娄山关》《六言诗·给彭德怀同志》《七律·长征》《念奴娇·昆仑》《清平乐·六盘山》等。毛泽东的长征诗词，生动反映了长征途中红军辗转曲折的轨迹，充满着热情、执着的革命乐观主义精神，对长征中的广大红军指战员起到巨大的鼓舞激励作用。长征中的红军将士凭借超人的勇气和毅力完成了二万五千里的壮举，党和红军因在长征苦难中不懈奋斗而走向辉煌。毛泽东用诗笔讴歌了"红军不怕远征难"和"大军纵横驰奔"的奋斗精神。

1958年6月30日《人民日报》发表了长篇报道《第一面红旗——记江西余江县根本消灭血吸虫病的经过》和《反复斗争，消灭血吸虫病》的社论。此时65岁的毛泽东看到这篇报道后，遥望南天，欣然命笔，写下了《七律二首·送瘟神》。通过这首诗我们不仅能深切体会毛泽东对人民的一颗赤诚之心、一片奔涌之情，而且深刻体会中国共产党为民解难、为民造福的责任担当，深刻认识社会主义制度的巨大优越性。《七律二首·送瘟神》也是中国人民和血吸虫病斗争并取得胜利的壮丽革命史诗。这首诗发表后，极大鼓舞了人民群众团结起来的斗争热情，激励着广大人民万众一心，再接再厉，向血吸虫病进军，夺取更加辉煌的胜利。

红色书籍方面。全国对于红色文化资源的研究记录有《中国共产党历史》第一卷，反映的是中国共产党1921年至1949年的历史，对中国共产党在中国大地上波澜壮阔的斗争史进行阐述，侧重于翔实的史料研究。《中国共产党历史》第二卷（1949—1978），反映的是中国共产党1949年至1978年的历史，这是一段波澜起伏的历史，是中国共产党带领全国人民艰辛探索中国自己的社会主义道路的历史。各省、市、县对于红色文化资源的研究记录，以陕西省为例，陕西省的《中国共产党陕西历史》第一卷（1921—1949），是对新民主主义革命时期我们党在陕西的光辉历程、宝贵经验及伟大贡献客观总结的权威性党史基本著作；《中国共产党陕西历史》第二卷（1949—1978），反映了1949年10月中华人民共和国成立至1978年12月党的十一届三中全会召开这29年间，中国共产党领导陕西人民开展社会主义革命和建设的奋斗历程以及党的自身建设的历史。安康市的《中国共产党安康历史》第一卷（1921—1949），反映了新民主主义革命时期安康地方党组织创立、发展、壮大的曲折历程，客观公正地评价了发生在安康的历史事件和历史人物，再现了党领导安康人民进行反帝反封建斗争波澜壮阔的历史和取得的辉煌成就；《中国共产党安康历史》第二卷（1949—1978），全面、系统记述了自 1949 年 10 月中华人民共和国成立至 1978 年 12 月党的十一届三中全会召开这 29 年间，安康地方党组织的执政历程和党的建设情况，真实记叙了安康人民在党的领导下进行社会主义革命和建设的不平凡历程，客观总结 29 年间正反两方面的经验教训，展示了安康党员干部群众矢志不渝建设社会主义的精神风貌。旬阳县的《中国共产党陕西旬阳历史》（1921—1978），全面、系统、客观、准确地记录了中国共产党组织在旬阳发展和执政的艰辛历程，记述了旬阳人民 57 年间在党的领导下进行新民主主义革命、社会主义革命和社会主义建设的不平凡历程，展示了旬阳党员干部群众坚贞不屈进行新民主主义革命和矢志不渝建设社会主义的精神风貌。

红色歌曲方面。"红歌"是红色歌曲的简称，是红色文化精神的重要内容，泛指歌颂马克思主义政党、无产阶级革命运动及社会主义革命、社会主义建设和改革开放伟大成就的歌曲。由于红色象征着无产阶级革命和共产主义，红歌自然代表着以马克思主义为指导的无产阶级的政治取向和意识形态。红歌是一种具有中国特色的独特魅力和思想内涵的艺术形式。

自新民主主义革命时期始到中国特色社会主义新时代，各个历史时期都有红色经典歌曲，这些歌曲具有丰富的思想内涵和精神实质。红歌是马克思主义中国化过程中依据马克思主义唯物史观，在实践中形成的艺术结晶；是坚持和发展中国特色社会主义的红色基因；是中国共产党从群众中来、到群众中去的群众路线的实证，是中国人民奋发自强心声的表达，对坚持和发展中国特色社会主义具有价值意蕴和现实意义。

新民主主义革命时期（1919—1949）。这一时期，随着中国共产党的诞生，我党早期政工人员亲自创作朗朗上口的旋律、浅显易懂的歌词，教给农民们歌唱，向贫苦农民宣传革命道理。秋收起义后，毛泽东带领工农革命军来到井冈山，创建了第一个农村革命根据地，有了苏维埃政权和自己的军队。这一阶段红歌的教育功能显著化，如井冈山根据地的《送郎当红军》以及根据红军的"三大纪律、八项注意"改编的《红军纪律歌》等[1]。后来，日本帝国主义入侵中国，中华民族陷入生死存亡的危急关头，这一时期，红歌创作和歌咏活动空前高涨。催人奋发、团结抗日的歌曲凝聚成一种精神力量，在战火中成为革命精神的号角和载体，如《义勇军进行曲》《在太行山上》《游击队之歌》《保卫黄河》《大刀进行曲》《新四军军歌》《南泥湾》《解放区的天》等。

革命时期的红歌曲调轻快、活泼，歌词简单明了，接地气的语言受到战士和群众的喜爱，一首首意气风发的红歌唱出了中华儿女的信心信念，也唱出了人民必胜的决心，迸发出人们的革命激情，成为一种犀利的战斗力。

社会主义革命和建设时期（1949—1978）。这一时期的红歌经历了一个曲折发展阶段。中华人民共和国成立后，党领导人民进行了对农业、手工业和资本主义工商业生产资料私有制的社会主义改造，初步建立起社会主义制度，千千万万的劳动人民站起来了，激发了全国人民建设社会主义的工作热情，这个阶段的红歌是对新生活的歌颂以及对美好生活的期待。如1950年创作的《歌唱祖国》及1956年创作的《我的祖国》，音律优雅、歌词生动，表达了人们对伟大祖国的礼赞，进而凝聚成让祖国强大的崇高信念，成为红歌

---

[1] 申晓梅. 红歌在思想政治教育中的功能与价值研究[D]. 兰州：西北民族大学，2013.

的典范之作。

改革开放后的时期（1978—2012）。随着党的十一届三中全会召开，中国进入改革开放的新时期，这一时期的红歌呈现出多元发展的格局，呈现春暖花开的发展态势，如《长江之歌》《让世界充满爱》《黄土高坡》等。后来，红歌更是百花齐放，百家争鸣，如《同一首歌》《爱我中华》《春天的故事》《走进新时代》等，迈入21世纪，红歌适应受众的审美需求，抢占主流媒体的传播平台，翻唱和改编经典红歌成为一种时尚，如《映山红》《红星照我去战斗》《北京的金山上》等。同时，红歌也呈现出向通俗歌曲发展的趋势，如《少年，少年，祖国的春天》《七子之歌——澳门》，更加坚定了人们对伟大祖国的无比热爱，将红歌的发展推向了新的高潮。

中国特色社会主义进入新时代（2012年至今）。这一时期，实现中华民族伟大复兴是新时代中国共产党的历史使命。因此，各地掀起唱红色歌曲的热潮。红歌是中国革命实践、革命历史的真实写照，它使人振奋，激励斗志，给人力量和信心。

一首首红歌可以将人们带到硝烟滚滚、炮火连天的峥嵘岁月，也可以将人们带到战天斗地、建设社会主义的艰辛年代，从而使得人们缅怀起革命先烈和在建设年代贡献出自己青春甚至生命的英雄们，激发人们的爱国情怀，鼓舞着一批批优秀儿女不断奋勇前进，为民族复兴而努力。

红色影视方面。红色影视主要是指以红色革命历史为题材的影视作品，以传播革命先辈的英雄事迹为主，表现革命先辈艰苦奋斗、自强不息的奋斗精神及强烈的爱国情怀，主要是指建党以来党领导人民在革命、建设、改革进程中里程碑式的人和事的红色题材作品。党的十八大以来，习近平总书记先后在文艺工作座谈会和中国文联十大、中国作协九大开幕式上发表重要讲话，这几次重要讲话充分调动了全国影视艺术家们的创作热情，一部部电影、电视剧作品犹如雨后春笋般涌现。在重大纪念日到来之际，会提前精心制作一批"红色影视"作品，如《建国大业》《建党伟业》《建军大业》等，虽然红色影视在不同历史时期的内容不一样，但是它们传递的思想是一脉相承的。

2021年是中国共产党成立100周年，近百部以庆祝建党100周年为主题的电视剧用百年党史绘就恢宏画卷，聚焦中国共产党带领中国人民赢得了独立和解放、走上了繁荣与富强的道路。例如，重大历史革命题材电视剧《觉醒年代》，作为一部党史题材电视剧，该剧获得了收视与口碑的双丰收。《觉醒年代》在历史正剧的主基调上展开叙事，人物有性格，细节有韵味，审美有诗意，将中国共产党应运而生的历史脉络"有情有味"地展现出来。剧中塑造的共产党早期革命领袖有血有肉、有理想有锋芒、有困境更有探索，他们的革命品格与斗争精神，深刻传递爱国情怀，传播了爱国爱党、艰苦奋斗的正能量。《觉醒年代》首轮播出中，收视率稳居中国视听大数据排行榜第一。今天，我们比历史上任何时期都更接近、更有信心和能力实现中华民族伟大复兴。[①] 但走得再远，也不能忘记来时的路。回望过往的奋斗路，眺望前方的奋进路，必须把党的历史学习好、总结好，把党的成功经验传承好、发扬好。《觉醒年代》便是学习党史的一部优质教科书。

党的十八大以来，红色影视为青年大学生补上难得的历史课、刷新大学生对中共党员的认识，观红色影视这种沉浸式体验教学是党史学习的途径之一。

---

① 习近平. 习近平谈治国理政第3卷［M］. 北京：外文出版社，2020：06.

第四章 陕西红色文化资源概述

陕西有遍布三秦大地的红色文化资源。陕西红色文化资源是指广大人民群众在中国共产党的团结带领下,在革命战争年代、建设时期及改革开放时期的实践活动中在三秦大地遗留的革命遗迹、旧居、文物和创作的文学艺术作品以及蕴藏在其中的革命精神、光荣传统、优良作风等。陕西红色文化资源从大的方面又可分为两大部分,即精神形态和物质形态。红色文化资源是鲜活的历史,是中国共产党人的精神之源、精神之基、精神之宝。陕西物质形态的红色文化资源包括已开发的和未开发的革命遗址、革命纪念地、革命文献、革命文物以及后来修建的纪念碑、纪念馆、展览馆等,是红色文化活动的实体遗存和载体。要深入挖掘、整理陕西红色文化资源,更好地为思想政治教育服务。

第一节 陕西红色文化资源的特征

陕西红色文化资源产生于特殊的历史时期,是中国共产党带领陕西人民在广袤的陕西大地上不屈不挠、英勇奋战的见证。它承载着曾经的牺牲与奉献,彰显着今日的成就与不足,鼓舞着未来的砥砺与奋进。陕西红色文化资源,除具备红色文化资源应有的共同特征之外,陕西大地还赋予了它独特的品质。

一、表现形态的丰富性

陕西红色文化资源具有表现形态的丰富性。陕西红色文化资源既包括大量遗址遗物等物质形态的红色文化资源。也包括革命理论、革命精神、革命传统等精神形态的红色文化资源，这些都是红色文化的载体，具有文化资源的特征。红色精神文化资源丰富。长征到达陕西的红军在陕西境内留下了丰富的精神文化资源，如陕西省文物保护单位中就包括革命政府、革命根据地、重大历史事件、重要历史会议、党的领导人工作和生活过的地方、重大战役的发生地、重要的革命教育场所、重要的军事指挥所等类型的革命遗址。种类丰富的红色革命历史文化资源有助于从不同角度弘扬和解读革命历史。

二、分布的广泛性

从时间上看，陕西的红色文化资源横跨大革命以来的各个历史时期，囊括了陕西整个的革命进程。从位置上看，陕西的红色文化资源遍及全省，几乎涵盖了每一个角落。红四方面军、红二方面军、红二十五军、红二十九军都曾在陕南活动，创建了川陕革命根据地、鄂豫陕革命根据地等。马克思主义在陕西最早传播地区是关中，党中央在延安13年所形成的红色遗迹，具有非常重要的珍贵历史和研究价值。

三、独特的本土性

陕西延安是中共中央和红军长征的"落脚点"，是全民族抗日战争的"出发点"，是中国共产党进行新民主主义建设的"试验区"，也是解放全中国的解放战争的"转折点"。延安是中国革命的摇篮，从1935年到1948年，延安是中共中央的所在地，是中国人民解放斗争的总后方。13年间，这里经历了一系列影响和改变中国历史进程的重大事件。毛泽东等老一辈革命家亲手培育的自力更生、艰苦奋斗、实事求是、全心全意为人民服务的延安精神，成为中华民族的宝贵精神财富。

延安全市建有革命纪念馆9个，馆藏革命文物52 807件。延安革命纪念地景区由宝塔山、枣园革命旧址、杨家岭革命旧址、中共中央西北局旧址、延安革命纪念馆组成，是延安445处革命遗存中的经典代表，是全国重点文物保护单位，是全国爱国主义、革命传统、延安精神三大教育示范基地，是全国首批红色旅游经典景区。延安革命纪念地景区位列国家5A级旅游景区。[①] 党中央在延安的13年，留下了大量本土化的红色文化资源。

第二节　陕西革命年代的红色文化资源

陕西是红色文化资源最丰富的省份之一，历史上周、秦、汉、唐等13个朝代都在这里建都，又是革命圣地延安的所在地，悠久的历史、深厚的文化底蕴和独特的地理位置，使陕西成为全国非物质文化遗产的重要代表地区，典籍、文化遗存丰富。习近平在陕西考察时强调，陕西是中华民族和华夏文明重要发祥地之一。[②] 陕西丰厚的历史底蕴，孕育了许多瑰丽独特的民俗文化。土地革命时期，有刘志丹、谢子长、习仲勋建立陕甘宁边区苏维埃政府；社会主义建设和改革时期，有独具特色、意义深远的西迁精神、梦桃精神等。习近平总书记在陕西考察时强调，加大文物保护力度，弘扬

---

① 李卫. 延安革命纪念地景区跻身国家5A级旅游景区 [N]. 陕西日报，2020-01-10（03）.
② 习近平在陕西考察时强调：扎实做好"六稳"工作落实"六保"任务 [N]. 人民日报，2020-04-23.

中华优秀传统文化、革命文化、社会主义先进文化，培育社会主义核心价值观，加强公共文化产品和服务供给，更好满足人民群众精神文化生活需要，要奋力谱写陕西新时代追赶超越新篇章。陕西大地上的红色文化资源是弥足珍贵的财富。

一、以革命圣地为代表的延安精神

延安市位于陕西省北部地区，地处黄河中游、黄土高原的中南部，离省会西安比较远，接近400千米，北连榆林，南接关中、咸阳、铜川，东隔黄河，与山西临汾、吕梁隔河相望，西邻甘肃庆阳，被誉为"三秦锁钥 五路襟喉"，是文化发源地之一。1935年红军长征胜利到达吴起镇，自此延安成为中国革命的落脚点和出发点。从1935年10月19日中共中央长征到达陕北吴起镇起，到1948年3月23日党中央东渡黄河前往华北，这期间，中国共产党在以延安为中心的陕甘宁边区领导中国革命，前后经历12年5个月零4天，习惯上称"陕北13年"，史称"延安时期"。毛泽东和中共中央在延安的13年，在吴起镇、瓦窑堡、保安、延安城、清涧县徐家沟和高家硷、子长任家山和王家坪、清涧枣林沟、靖边青阳岔、王家湾、靖边小河村、绥德李家崖、黄家沟、延家岔、米脂县杨家沟、吴堡县川口等地方留下了足迹，给这些地方留下了丰富的红色文化资源。延安时期是我们党领导的中国革命事业从低潮走向高潮、实现历史性转折的重要时期。2020年9月4日，习近平总书记给中国延安精神研究会第六次会员大会发来贺信指出："延安是中国革命的圣地，老一辈革命家和老一代共产党人在延安时期培育形成的延安精神是我们党的宝贵精神财富。"[①] 延安精神值得

---

① 杨煌. 延安精神是我们党的宝贵精神财富[N]. 人民日报，2020-10-02（01）.

我们好好保护和利用。

（一）延安精神的主要内容

党中央在延安生活、战斗了13年，培育、形成了伟大的延安精神。延安精神的主要内容：坚定正确的政治方向，解放思想、实事求是的思想路线，全心全意为人民服务的根本宗旨，自力更生、艰苦奋斗的创业精神。坚定正确的政治方向是延安精神的灵魂，解放思想、实事求是是延安精神的精髓，全心全意为人民服务是延安精神的本质和核心，自力更生、艰苦奋斗是延安精神的显著特征。灵魂、精髓、本质和核心、显著特征这四者是统一的整体，相互促进，共同构成了伟大的延安精神。延安精神是党的性质和宗旨的集中体现，是党的优良传统和作风的集中体现。

（二）新时代要大力弘扬延安精神

延安精神贯穿中国共产党领导中国人民进行革命、建设和改革的百年历史，是中国革命精神谱系的重要组成部分，是中国共产党人在实现第二个百年奋斗目标中取之不尽、用之不竭的强大精神动力。因此，新时代要大力弘扬延安精神。习近平总书记在陕西考察时指出，要坚持不懈用延安精神教育广大党员、干部，用以滋养初心、淬炼灵魂，从中汲取信仰的力量、查找党性的差距、校准前进的方向。[①] 因此，新时代我们要大力弘扬延安精神。

一是汲取信仰的力量。坚定马克思主义信仰和共产主义理想。马克思主义始终是党和国家的指导思想，我们始终不懈奋斗就是为了共产主义理想。

---

① 王有红.坚持不懈以延安精神滋养初心淬炼灵魂［N］.陕西日报，2020-06-08（06）.

二是查找党性的差距。用延安精神锤炼党性，需要用延安精神中所蕴含的精神力量来检视党员、干部党性上的差距和不足。①

三是校准前进的方向。党员、干部大力弘扬延安精神，不断校准前进的方向，为实现第二个百年奋斗目标努力奋斗。

（三）延安精神的物质表现

延安革命旧址。从1935年10月，中央红军长征到达陕北，1937年1月，中共中央进驻延安，到1948年3月，中共中央东渡黄河撤离陕北，老一辈革命家在延安生活战斗了13个春秋，延安成了中国革命的指导中心和战略总后方、总策源地。从长征到达陕北的吴起镇开始，到从吴堡县川口东渡黄河前往华北，这一路上都遗留下丰富的历史遗迹。延安革命旧址包括凤凰山革命旧址、杨家岭革命旧址、枣园中共中央书记处旧址、王家坪中共中央军事委员会旧址、八路军总司令部旧址、陕甘宁边区政府旧址等，以及陕甘宁边区参议会旧址、延安宝塔、桥儿沟鲁迅艺术文学院旧址（党的六届六中全会旧址）、南泥湾、清凉山新闻出版部门旧址、中共中央党校旧址、中共中央西北局旧址、陕甘宁边区银行旧址、白求恩国际和平医院旧址等遗址。

延安文艺运动。从党中央1935年10月率领红军到达陕北后，革命文艺运动就一直伴随民族解放战争和民主革命事业的发展而深入。当时抗日战争全面爆发，延安不仅成为全国抗日、民主力量的中心，而且成为新民主主义文化活动的中心。它吸引了大批热血青年和进步文艺工作者奔赴延安，甚至冒着生命危险到革命圣地去寻找真理，献身革命，投笔从戎，跃马上阵，力求用血和火谱写出无

---

① 李国喜. 在新时代大力弘扬延安精神[N]. 人民日报，2020-09-02（09）.

愧于中国现代文艺史上最光辉的一页。"现在需要战斗的作品,现在的生活也全部是战斗。"①毛泽东给诗人萧三的信,最能概括延安时期党的文艺事业的时代特征。战斗的生活产生战斗的文艺,战斗的文艺又鼓舞着战斗的生活。特别是1942年5月毛泽东《在延安文艺座谈会上的讲话》,明确指明了文艺为人民大众服务、为工农兵服务的方向和文艺工作者走与工农兵结合的道路之后,延安乃至整个解放区的文艺面貌大变,精神大振,多少"战斗的作品"激励着战斗的人们。

李季的长诗《王贵与李香香》,长篇小说丁玲的《太阳照在桑干河上》,以及现代"曲家三杰"(聂耳、冼星海、张寒辉)的《义勇军进行曲》《黄河大合唱》《松花江流亡曲》等,大量的抗战文艺和延安文艺的经典,唤醒了国人的民族意识,对于激励人民抗战起到了巨大作用。② 这些影响力巨大的红色文化资源更是思想政治教育生动、鲜活的教材。

二、以抗日军民大生产运动为代表的南泥湾精神

南泥湾,位于今陕西延安市东南90里。1939年后,抗日战争进入相持阶段,日军对我根据地反复进行了大规模扫荡,国民党顽固派消极抗战,调集几十万军队包围陕甘宁边区,实行严密的军事包围和经济封锁。当时,边区地广人稀,土地贫瘠,仅有140万群众,要担负起几万干部、战士和学生的吃穿用,实在是一件难事。1941年春至1944年底,八路军三五九旅开赴南泥湾屯田垦荒,指

---

① 中共中央文献研究室. 毛泽东书集选集[M]. 北京:中央文献出版社,2003:139.
② 程国君,李继凯. 延安革命家的诗词创作实践及诗史价值[EB/OL]. https://www.sohu.com/a/461145215_120873510.

战员们艰苦奋战，实行战斗、生产、学习三结合，战胜了重重困难，把一个荒无人烟的南泥湾，变成了到处是庄稼、遍地是牛羊的"陕北的好江南"，成为全军大生产运动的一面光辉旗帜，不仅克服了严重的物质困难，减轻了人民负担，保卫了边区建设，而且培育形成了具有深远历史影响的南泥湾精神。

（一）南泥湾精神的主要内容

南泥湾精神，是以八路军第三五九旅为代表的军民在南泥湾大生产运动中创造的，是中国共产党及其领导下的人民军队在困境中奋起、在艰苦中发展的强大精神力量。南泥湾精神的主要内容是：自力更生、艰苦创业，同心同德、团结奋斗。这四者缺一不可，是一个统一的整体，共同构筑了南泥湾精神。南泥湾精神是民族精神在特定历史条件下的具体体现，是激励无数仁人志士前赴后继、拯民于水火的精神源泉。南泥湾精神是延安精神的重要组成部分，是中国共产党精神谱系的重要内容和中华民族的宝贵财富。

（二）南泥湾精神的时代价值

在全面建设社会主义现代化国家的新征程中，我们需要深入理解南泥湾精神的时代价值。一是为全面推进乡村振兴提供宝贵的精神财富。全面建设社会主义现代化国家，最艰巨最繁重的任务依然在农村，最广泛最深厚的基础依然在农村，所以南泥湾精神作为宝贵的精神财富，能够激发广大干部群众接续干事创业的决心和毅力，凝心聚力推进乡村振兴战略。二是为实现中华民族伟大复兴提供强大的精神力量。习近平总书记在阐述新时代中国共产党的历史使命时说，实现中华民族伟大复兴是近代以来中华民族最伟大的梦想。中华民族伟大复兴,绝不是轻轻松松、敲锣打鼓就能实现的。① 新时代要完成历史使命,必须从"精神谱系"——南泥湾精神中汲取奋进的精神力量。

(三) 南泥湾精神的物质表现

南泥湾是陕西省境内一条狭窄的溪谷,位于延安东南大约 90 里。南泥湾革命旧址位于延安东 45 千米处宝塔区南泥湾镇,包括毛泽东视察南泥湾旧居、中央管理局干部休养所旧址、南泥湾垦区政府旧址、八路军炮兵学校旧址、718 团死难烈士纪念碑、719 团死难烈士纪念碑,以及革命时期开垦的大片梯田和初建于 1978 年的南泥湾大生产运动展览馆。在展览馆里,一幅幅图画、一个个陈列品,无不展示着南泥湾"自力更生、艰苦创业,同心同德、团结奋斗"的不朽精神。

抗日战争进入相持阶段后,敌军加紧了对根据地的军事包围和经济封锁。对此,毛泽东发出"自己动手,丰衣足食"的号召,在广大根据地掀起了大生产运动。1941 年春,王震率领三五九旅的战士们在一片林海荆棘中开出了一条路,进驻了延安东南方向的南泥湾。由于连年战乱,这里已经成了荆棘遍野、人烟稀少的"烂泥湾"。一到南泥湾,三五九旅就制订了农忙时生产、农闲时练兵的计划,上至旅长、下至炊事员,一律参加生产劳动。1941 年,战士们开荒 1.12 万亩,产粮 1 200 石,蔬菜实现完全自给。到 1943 年,开荒 10 万多亩,产粮 12 000 石,实现了"不要政府一粒米、一寸布、一文钱"的奋斗目标。战士们身背钢枪,手握镢头,发扬自己动手、丰衣足食的革命精神,创造出一个"陕北好江南"。

---

① 习近平.决胜全面建成小康社会 夺取新时代中国特色社会主义伟大胜利——在中国共产党第十九次全国代表大会上的报告 [M].北京:人民出版社,2017:15.

1943年，19岁的贺敬之被他们的事迹所感动，一气呵成写出《南泥湾》的歌词，作曲家马可立即谱曲，歌曲很快传唱开来。1964年，《南泥湾》入选大型音乐舞蹈史诗《东方红》，周恩来建议用民族唱法重新演绎《南泥湾》，并直接点名由郭兰英演唱。从此，《南泥湾》被赋予新的生命力，中国人民自力更生、艰苦奋斗的精神广为流传。

今天，当我们唱这首歌时，仍然能够从中感受到喜悦与激动的心情。过去靠着南泥湾精神，我们改写了中国历史的进程。现在传承南泥湾精神，我们将续写新时代的辉煌。

三、以陕甘边革命根据地为代表的照金精神

照金，位于陕西省铜川市西北部，自古乃要塞之地。陕甘边革命根据地（亦称照金革命根据地）是20世纪初刘志丹、谢子长、习仲勋等老一辈无产阶级革命家在西北地区创立的第一个山区革命根据地。它以耀州区照金镇为中心，横跨耀州区、旬邑、淳化、宜君等县（区），面积2500平方千米，人口3万—4万人。土地革命战争时期，刘志丹、谢子长、习仲勋等共产党人把毛泽东工农武装割据思想与陕甘边具体实际相结合，熔铸伟大的照金精神。

（一）照金精神的内涵

"南有瑞金，北有照金。"照金是一块英雄的土地，20世纪30年代初，在极其艰难困苦的情况下，刘志丹、谢子长、习仲勋等老一辈革命家在这里开展革命活动，组建了中国工农红军第二十六军，成立了中共陕甘边特委和陕甘边革命委员会，创建了以照金为中心的陕甘边革命根据地，这为后来党中央和红军长征落脚陕北、建立陕甘宁革命根据地创造了条件。照金精神包括信念坚定、爱国

为民的奉献精神，独立自主、教育引领的理性精神，务实求真、联系群众的创业精神，百折不挠、快乐奋斗的进取精神。① 照金精神是党和国家宝贵的精神财富，是中华民族精神谱系的坐标。

（二）照金精神的时代价值

习近平总书记在陕西考察时指出："照金精神在现在还是很适用的，当时老一辈无产阶级革命家能够在照金落脚，就是因为群众基础好，他们能够密切联系群众，这里的群众能够支持革命，现在我们党要依靠群众，要把照金精神传承好、发扬好，如果能做到这些的话，我们的事业就固若金汤了。"②

新时代，照金精神是党和国家宝贵的精神财富，在世界百年未有之大变局及全面建设社会主义现代化国家新征程中发挥着非常重要的现实作用，照金精神具有弥足珍贵的时代价值。其一，照金精神是面对世界百年未有之大变局加强党的建设的重要历史借鉴。在照金革命根据地中国共产党始终保持同人民群众的血肉联系，坚持马克思主义群众路线和观点，是照金精神关于党的建设的珍贵历史经验借鉴。其二，照金精神是中国特色社会主义文化强国建设的宝贵精神资源。照金革命根据地中革命前辈的著作、文物、纪念资料及遗址等载体，是进行文化自信教育的有力依据。

（三）照金精神的物质表现

照金精神的物质表现首先是位于照金镇的陕甘边革命根据地照

---

① 丁德科. 照金精神及其时代价值［EB/OL］. http：//theory.people.com.cn/n1/2018/0607/c40531-30044422.html.
② 习近平. 必须保持的革命精神［EB/OL］. https：//news.12371.cn/2018/01/18/ARTI1516260477400451.shtml.

金革命纪念馆，建成于2013年8月，纪念馆内收藏有革命文物、文献资料120余件（份），馆内陈列通过实物和200块展板、照片，详细介绍了根据地创立、发展、壮大的全过程以及根据地主要创建人的生平事迹。

陕甘边革命根据地英雄纪念碑。为纪念陕甘边革命根据地创建80周年，2012年8月，陕甘边革命根据地英雄纪念碑与整个陕甘边革命根据地纪念设施统一规划建设，2013年8月建成，同年9月在纪念碑前举办了陕甘边革命根据地创建80周年相关纪念活动。纪念碑依托山势，立于山顶，从纪念馆二层拾级而上，共上213个台阶，可直达纪念碑脚下。整座纪念碑由碑体和基座两部分构成，通体采用花岗岩构建，以简洁的柱式结构拔地而起，寓意照金是西北革命的源头和支柱。从地面到碑顶的高度是33米，象征着1933年创建了陕甘边照金革命根据地。纪念碑基座广场625平方米，基座144平方米。纪念碑上镌刻着"陕甘边革命根据地的英雄们永垂不朽"16个大字。基座四面由四组浮雕构成，展现了陕甘边革命根据地照金苏区建党、建政、建军的重大历史事件和军民鱼水情。

陈家坡会议旧址。距离照金革命纪念馆2千米，旧址位于照金镇的北梁河村。陈家坡会议，是中共陕甘边特委在陕甘边革命斗争连续遭受严重挫折的危急关头，召开的一次具有历史意义的重要会议。

薛家寨革命旧址。薛家寨是照金镇东北5千米处的一座高山石崖。南北长3.5千米，东西宽1.6千米，形似倒放的葫芦，海拔1619米。薛家寨以其独特的丹霞地质地貌闻名遐迩，据考证，北宋丹青圣手范宽的《溪山行旅图》就是以薛家寨附近地貌为原型创作的。1933年春，中共陕甘边区特委、陕甘边区游击队总指挥部、陕甘边区革命委员会等领导机关迁驻薛家寨，薛家寨成为照金苏区的军事、政治和经济中心，以及红二团和陕甘边游击队的后方基地。2013年3月5日，薛家寨革命旧址作为陕甘边照金革命根据地旧址的一部分，被国务院公布为第七批全国重点文物保护单位。现存1—4号寨子，旧址保护范围为北至一号寨北侧865米、高程1 450米处，东、西、南分别至高程1 450米处所形成的闭合区域，面积为103.11公顷。陕甘边领导机关进驻薛家寨后，修建工事，据险筑堡，使其成为防守严密的基地，寨上红军驻守时的四孔崖洞保存完好，寨前悬崖上有修筑工事时所开凿的小路、石桥、吊桥及石砌寨门的痕迹，洞内还保留有当年红军住过的土炕。一号红军寨南邻秀房沟，为陕甘游击队一、三支队驻地。

薛家寨革命旧址是全国100个红色旅游经典景区之一，是全国重点文物保护单位，是第四批国家级爱国主义教育示范基地，首批国家级国防教育基地。

第三节　陕西建设年代的红色文化资源

伟大的事业孕育着伟大的精神，伟大的精神引领伟大的时代。陕西红色文化资源不仅体现在新民主主义革命时期，还在社会主义建设和改革时期得到了传承、发扬。这一时期，勤劳勇敢的陕西儿女继承了革命先烈的优秀品质，在各行各业创造了丰功伟绩，形成了独具特色、意义深远的西迁精神、梦桃精神。

一、西迁精神

西迁精神与新民主主义革命时期以及社会主义建设时期形成的革命精神是并列关系。它们共同构成中国共产党的精神谱系，成为中华民族精神脊梁中光芒万丈的一段。

(一) 西迁精神的内涵

西迁精神包括：胸怀大局、心有大我的爱国精神，艰苦创业、玉汝于成的奋斗精神，扎根实际、勇攀高峰的创新精神，公而忘私、埋头深耕的奉献精神。① 西迁精神是为中国人民谋幸福、为中华民族谋复兴的展开，是"不忘初心、牢记使命"的深刻体现。

(二) 西迁精神的时代价值

广大西迁知识分子身上体现的爱国精神、奋斗精神、创新精神、奉献精神，是几千年来在历史沉浮与激荡中形成的中国传统知识分子精神的生动体现。② 西迁精神的核心是爱国主义，具有巨大的现实意义和时代价值。

一是为新时代激发知识分子家国情怀提供了坚强精神支撑。爱国主义始终是激昂的主旋律，在向着第二个百年奋斗目标努力的征程中，青年知识分子要把个人理想自觉融入党和国家发展伟业中，为建设社会主义现代化强国贡献智慧和力量。

二是为社会主义核心价值体系建设与核心价值观教育提供了宝贵精神资源。西迁过程中体现的共产党人的精神风貌、丰功伟绩和感人事迹直接体现了社会主义核心价值体系建设与社会主义核心价值观的要求，有助于培育和弘扬社会主义核心价值观。

(三) 西迁精神的物质表现

西迁精神的物质表现是交大西迁博物馆：西安交通大学与陕西省委共建交大西迁博物馆，并于 2018 年 12 月 11 日正式对外开放。

---

① 张迈曾. 在弘扬西迁精神中砥砺初心使命 [N]. 光明日报，2020-04-27 (06).
② 张迈曾. 在弘扬西迁精神中砥砺初心使命 [N]. 光明日报，2020-04-27 (06).

内容分为溯源、西迁和致远三个部分，馆内展出照片、实物等共2077件。西迁博物馆作为爱国奋斗精神主题教育的重要阵地，广大知识分子树立牢固家国情怀、弘扬爱国奋斗精神的精神家园，成为全社会奋进新时代的力量源泉。

二、梦桃精神

在咸阳西北国棉一厂的生活区内，坐落着一尊汉白玉雕刻的人物半身像，在她的下方赫然刻着8个大字——"梦桃精神，代代相传"。赵梦桃出生在洛阳的一个贫苦家庭，11岁时就曾到毛衣厂织毛衣补贴家用，父亲生病去世后，她和母亲投奔陕西岐山蔡家坡的亲戚，靠捡煤渣度日。1951年，16岁的赵梦桃进入当时的陕西西北国棉一厂，成了细纱车间乙班四组的一名挡车工，工作内容是看管一定数量的纺织机器，并负责所看管机器上的产品的产量和质量。在工作的11年间，为纺织行业改革创新、增产增效做出了巨大贡献。她曾两次被评为全国劳动模范，两次被授予全国先进生产者荣誉称号。

（一）梦桃精神的内涵

"高标准、严要求、行动快、工作实、抢困难、送方便"的赵梦桃，正是"梦桃精神"的缔造者。在1952年到1959年间，她创造了月月完成国家计划的先进纪录，并且还帮助了15名身边的同志，一起成为企业的先进工作者。随后，她又创造了一套先进的清洁检查操作法，并在陕西省展开全面推广，收效颇丰。自此，她也成了纺织战线上的一面旗帜。1963年，陕西省以赵梦桃的名字命名的"赵梦桃小组"也成了大家学习的标杆班组。

2019年11月，习近平总书记勉励赵梦桃小组，希望大家继续以赵梦桃同志为榜样，在工作上勇于创新、甘于奉献、精益求精，争做新时代的最美奋斗者，把"梦桃精神"一代一代传下去。

赵梦桃是新中国纺织战线上的一面旗帜，在平凡的岗位中谱写不平凡的人生乐章，为大家诠释了生命的价值和人生的意义。半个多世纪以来，"高标准、严要求、行动快、工作实、抢困难、送方便"的"梦桃精神"代代相传，成为新时代社会主义事业建设中永远的精神坐标和前行灯塔。"梦桃精神"不仅是对赵梦桃"不忘初心、牢记使命"的充分肯定，更是对赵梦桃小组坚守和传承"梦桃精神"的高度赞扬。

（二）"梦桃精神"引领时代新价值

传承"梦桃精神"，人人皆成楷模。习近平总书记指出，全党全国各族人民要像英雄模范那样坚守、像英雄模范那样奋斗。在建设中国特色社会主义的伟大实践中，以赵梦桃为榜样的许多劳动者，在工作上攻坚克难、精益求精、创新实干、勇于担当、争做新时代的楷模。近年来，载人航天、探月工程、北斗导航、中国天眼、中国高铁等一项项中国制造成为国之重器，中国制造走向全世界，这正是一代又一代的劳动者无私奉献、脚踏实地地向世界宣告"我们能"，在平凡的工作岗位中创造不平凡的成就。新时代更需要各行各业的劳动者从"梦桃精神"中获取奋进的信心和动力，将"梦桃精神"内化于心，外化于行，用严谨细致、追求卓越的工作理念推动中国的高质量发展，用拼搏奋斗、勇于担当的工作态度刷新中国速度，用创新实干、攻坚克难的工作效率贡献中国智慧，为实现中国特色社会主义强国汇聚正能量。①

---

① 李芳，袁武振."梦桃精神"引领时代新价值［EB/OL］. http://www.qstheory.cn/llqikan/2019-12/29/c_1125400771.htm.

"积土成山,风雨兴焉;积水成渊,蛟龙生焉。"中华人民共和国成立70年来,社会主义事业的伟大成就、人民美好的幸福生活,正是由一代一代像赵梦桃这样任劳任怨、甘于奉献、勇于创新的时代楷模,用自己的青春和生命书写出来的。

习近平总书记在党史学习教育动员大会上指出:"榜样的感召超越时空,精神的力量无坚不摧。方志敏、董存瑞、雷锋、焦裕禄、孔繁森、廖俊波、黄文秀……每当我们重温这些名字,心中总是感到自豪、充满敬意:他们是视死如归的革命烈士,是顽强奋斗的英雄人物,是忘我奉献的先进模范。正是一代又一代共产党员前赴后继、英勇奋斗,才成就了百年大党的辉煌历史。英雄的事迹,值得我们永远铭记;伟大的精神,构筑起共产党人的精神谱系,为我们立党兴党强党提供了丰厚滋养。"①

(三) 梦桃精神的物质表现

赵梦桃是全国纺织战线的一面红旗,100位中华人民共和国成立以来感动中国人物之一。以"高标准、严要求、行动快、工作实、抢困难、送方便"为宗旨的"梦桃精神",必将在纺织职工中一代一代传承下去并发扬光大。

梦桃公园及赵梦桃纪念馆位于咸阳新兴纺织工业园,是全国首个以纺织工人名字命名的公园及纪念馆,以已故全国劳动模范、西北国棉 厂细纱挡车工赵梦桃命名。梦桃公园紧邻咸兴人道,位于纺织四路与纺织三路之间,占地2.7万平方米,建有赵梦桃纪念馆广场、梦桃纪念碑广场和梦桃雕像广场,配套有创文景观石、纪念碑、梦桃雕塑、浣纱湖、观光栈道等人文景观。梦桃纪念馆建筑面

---

① 习近平. 在党史学习教育动员大会上的讲话 [J]. 求是,2021 (07).

积 350 平方米，通过 400 多张图片、180 多件珍贵实物和多部历史影像资料充分展示了中国纺织行业的先进代表、党的好女儿赵梦桃及赵梦桃小组的先进事迹，再现了咸阳纺织工业的发展历程和咸阳新兴纺织工业园发展的新面貌。纪念馆作为陕西省爱国主义教育基地，是弘扬和培育梦桃精神、厚植工匠文化，推进精神文明建设的重要阵地。该馆的建立旨在更好地缅怀赵梦桃事迹，继承梦桃遗志，"弘扬梦桃精神、厚植工匠文化"，让"梦桃精神"代代相传。

第五章 陕南红色文化资源概述

陕南是一块红色沃土,有着光荣的革命斗争历史。为了建立新中国,在这块 20.58 万平方千米的广袤土地上,无数革命先辈抛头颅、洒热血,前仆后继,英勇奋斗,取得了第一次国内革命战争、抗日战争、解放战争、建立中华人民共和国、建设社会主义的伟大胜利,留下了大量的红色文化资源。特别是在土地革命时期,以红二十五军、红四方面军创建的鄂豫陕、川陕等革命根据地和在苏维埃政权的实践中所形成的陕南苏区精神,是老一辈革命家和陕南军民留给我们的宝贵精神财富。在决胜脱贫攻坚同步全面小康的进程中,陕南红色文化资源的开发运用对革命老区的发展、全面建成小康社会有着重要的经济社会价值。

第一节 汉中、安康、商洛红色文化资源

位于秦岭与大巴山之间的陕南地区,包括汉中、安康、商洛三市。汉中市下辖一区 10 县、安康市下辖一区 9 县、商洛市下辖一区 6 县。三市下辖的区、县绝大多数是革命老区,有大量的红色文化资源。

一、汉中红色文化资源

汉中是最早的天府之国,是国家历史文化名城。在中国革命这部光辉巨著中,汉中以她不可磨灭的贡献给这座古老而又年轻的城

市烙下了深深的红色印记。

(一) 汉中红色历史

汉中是一片红色的土地。鄂豫陕革命根据地汉中苏区在这里建立，中华苏维埃共和国的第二大疆域——川陕革命根据地在这里壮大，中国革命史上鲜为人知的《汉中协定》在这里签订，川陕苏区红色交通线在这里开辟，红四方面军、红二方面军、红二十五方面军长征凯歌在这里奏响，红二十九军、红七十四师、陕南第一游击大队、川陕边区游击队浴血奋战的光荣历史在这里书写。汉中是一片英雄的土地。五四运动时期，陈锦章、何挺颖等众多汉中有志青年奔赴北京、上海、西安等地，接受新文化、新思想，把革命的火种带回汉中，点燃了汉中革命的熊熊烈火。在硝烟弥漫的革命岁月里，李先念、徐向前、徐海东、王震、汪锋等老一辈无产阶级革命家在这片热土上运筹帷幄、指挥战斗，留下了许多可歌可泣的光辉业绩。汉中是一片战斗的土地。在民族危亡、抗日救国的重要关头，汉中各级党组织积极开展抗日宣传，为前线输送抗日青年和抗战物资，华北及西安大批军政机关、工厂、学校迁入汉中，汉中成为支撑持久抗战的军事、文化、经济、教育重镇。

(二) 汉中革命遗址

此处简要列举汉中市的革命遗址、故居、纪念碑、纪念馆等。汉台区：汉中市革命史迹陈列室；南郑区：何挺颖烈士故居；川陕革命根据地纪念馆；勉县：红四方面军陕南战役纪念馆；中共陕南特委勉县驻地遗址；城固县：城固县革命烈士纪念碑；红四方面军小河口会议纪念馆；洋县：洋县革命烈士纪念碑；红二十五军司令部旧址；红二十五军石塔河伏击战遗址；西乡县：红二十九军革命烈士纪念碑；宁强县：中共大安小组遗址、陈锦章烈士故居；留坝县：红二十五军军部旧址、江口民团起义遗址；镇巴县：镇巴革命烈士纪念塔、镇巴革命历史陈列馆、黎坝秘密交通站遗址、符先辉将军故居；佛坪县：程子华、徐海东上沙窝旧居等。

二、安康红色文化资源

安康自古就是兵家必争之地，曾发生过许多可歌可泣的故事，有着光荣的革命历史和革命传统。新民主主义革命时期，中国共产党人在这里宣传新思想，传播马列主义，播撒革命火种，进行革命活动。红军曾在此征战并创建革命根据地，当年有 4 000 多人参加红军队伍；抗日战争时期，陕南人民抗日军在安康成立，成千上万安康儿女走上抗日战场；解放战争时期，有名有姓的安康籍烈士就达 1 300 多人，没有留下姓名的安康籍烈士遍布全国各大烈士陵园。[1] 安康走出了革命先驱廖乾五，走出了何振亚、沈启贤等开国将军；红三军、红四方面军、红二十五军、红七十四师曾在安康南征北战；在安康发生了悲壮的安康起义以及成立了中国工农红军第三十军第一纵队；在安康成立的陕南人民抗日第一军，是中国革命事业的一支重要革命武装力量；各个时期陆续在安康成立过中共安康特委、中共安康军特支、中共安康地委、中共陕鄂边界工委等党的组织；安康解放更是经历了创建革命根据地、发展解放区、反复争夺的艰难曲折过程，历时 3 年 7 个月，仅牛蹄岭战役就有 1 200

---

[1] 牛银祥，武清波. 安康军地发挥红色文化资源优势推进强军兴军纪事［EB/OL］. 中国国防动员网，http://www.gfdy.gov.cn/headlines/2015-02/02/content_6335918.htm.

余名指战员为解放安康英勇牺牲。① 年轻的生命留在了安康这片土地上,安康人民没有忘记他们,他们永远留在安康人民的记忆中。

(一)安康红色历史

1932年成立了中共安康特委,次年又成立了中共安康军特支,并于1934年初领导了安康起义,成立了红三十军第一纵队。红三军、红四方面军、红二十五军、红七十四师、陕南人民抗日第一军、中国人民解放军,都曾在这里南征北战,创建革命根据地,进行革命活动,使这块古老而神奇的土地成为鄂豫陕革命根据地、川陕革命根据地和豫鄂陕革命根据地的重要组成部分。在第二次国内革命战争时期,毛泽东等中央领导同志一直关心着安康苏区人民的命运。

(二)安康革命遗址

一是红军系列革命遗址。红三军过境安康横渡汉江旧址,红三军九里岗战斗旧址,红三军平利夜宿陶家庄遗址,红三军军部宿营旧址,红三军鸡心岭战斗战场遗址,红二十五军、红七十四师、陕南人民抗日第一军活动旧址椒沟,红二十五军战斗地旧址疙瘩庙,红二十五军战士张万玉烈士牺牲地旧址,红四方面军攻占熨斗镇战斗遗址,红军和游击队攻打太平寨战斗遗址,红二十五军在石泉迎丰镇活动旧址,红二十五军击溃迎丰地方民团遗址,红军宁陕攻打老城旧址,柴家关红二十五军司令部旧址,鄂陕特委两河会议旧址,鄂豫陕特委及宁佛(周)工委旧址,新场乡红军标语遗址,高中宽、尚班长烈士墓,一心寨红二十五军活动遗址,黄土梁红军

---

① 中共陕西省委党史研究室,中共安康地委党史研究室.解放安康[M].西安:陕西人民出版社,1999:42.

墓,土质沟战场遗址,三岔河红二十五军集会旧址等。

二是陕南人民抗日第一军系列革命遗址。1936 年在安康成立的陕南人民抗日第一军,自 1935 年冬至 1937 年春,在安康、商洛和汉中接合部的十余县的边界地区开展游击战争,仿效红军打土豪、分财物、救穷人,为劳苦群众谋利益,写标语、发传单、宣传革命、宣传抗日,发动群众历经大小战斗 20 余次,革命遗址遗迹众多。例如,红七十四师、陕南人民抗日第一军会合地旧址黄家老屋场、陕南人民抗日第一军战斗地旧址小罐子、陕南人民抗日第一军余部主要领导人集体被害的旧址王家坪、陕南人民抗日第一军战斗地旧址五里铺、何继周部队驻防地旧址茨沟老庄、陕南人民抗日第一军战斗地旧址德胜寨、何继周部队驻防地旧址汪家台、何继周部队驻防地旧址东河口、陕南人民抗日第一军汉阴县双河口战斗遗址、灵官庙战斗遗址、铙钹寨战斗遗址、上七镇战斗遗址、三星寨战斗遗址、沈家祠堂驻地遗址、文家老屋驻地遗址、青山寺驻地遗址、双了庙驻地遗址、下寺庙驻地遗址等,以及陕南人民抗日第一军石泉县激战毛坝场遗址、云雾山天台寺休整遗址等。

三是安康地方党组织活动系列革命遗址。在中共陕西省委的领导下,王力、刘文彬、刘华等于 1938 年建立安康地区党的组织——中共安康地委,以汉滨区为中心,扩大到旬阳、石泉、岚皋、宁陕、汉阴、平利、白河、紫阳等地,进行抗日救亡宣传,发展抗日武装,开展统战工作,为党培训和输送了一人扎干部,也留下了不少遗址遗迹。例如,芭蕉口中共安康地委机关遗址纪念亭,中共(地下)安康县委梁家沟紧急扩大会议旧址,中共(地下)汉阴县第一个党支部建立地,中共(地下)石泉县工委成立地遗址,宁陕县四亩地党支部旧址,岚皋县工作委员会遗址,旬阳县地下党举办阅报室和夜校旧址等。

四是修建的革命烈士纪念设施、烈士陵园（墓）等。例如，安康10个县区的烈士陵园，陕南人民抗日第一军成立地纪念室，杜超烈士墓，陕南人民抗日第一军成立地纪念广场，王莽山革命遗址纪念广场，陕南人民抗日第一纪念碑，北辰公园红军广场，石泉县革命纪念馆，旬阳县红军镇红军纪念馆，张文津、吴祖贻、毛楚雄烈士陵园等。

五是重要人物故居及其他。有廖乾五故居、章建旧居、刘华故居、沈启贤故居、王范堂故居、何振亚故居、李开新故居、李兆众烈士故居、黄正甫故居、黄统故居等。

三、商洛红色文化资源

征途漫漫，几多风雨。地处陕西东南部的商洛市，在革命战争年代曾先后三次建立革命根据地，是著名的革命老区，许多英雄儿女曾在此浴血奋战，播下革命的火种，给后辈留下宝贵的精神财富。因此，革命老区商洛有富集的红色文化资源。

（一）商洛红色历史

土地革命战争时期，先后有徐向前率领的红四方面军、贺龙率领的红三军、刘志丹率领的红二十六军、徐海东等率领的红二十五军以及程子华等率领的红十五军团等五支红军转战商洛。特别是红二十五军，长征途经商洛，创建了以商洛为中心区域的鄂豫陕革命根据地，为红军转战陕北提供了重要的支撑。红二十五军先后转战商洛达两年零四个月，是在商洛战斗时间最长的一支红军队伍。商洛红色文化资源主要分布在商州区、丹凤县、商南县、镇安县等地。从1927年4月中共商县特别支部建立，到1949年12月商洛全境解放，将近23年间共留下革命遗址126处。其中，土地革命战争时期，由红二十五军创建的以商洛为中心区域的鄂豫陕革命根据地，是由红军长征队伍直接创建的唯一一块革命根据地。在得知中央红军与红四方面军会师川西并有北上动向的消息后，红二十五军主力主动配合中央红军的行动，继续长征北上并先于中央红军到达陕北，为党中央落脚陕北准备了条件。解放战争初期，由李先念等率领的中原突围北路部队战略转移到商洛，又创建了以商洛为中心区域的豫鄂陕革命根据地，在解放战争从战略防御转入战略进攻的关键时刻，发挥了重要作用。商洛境内有丹凤县竹林关等六处重要会议会址，有山阳县漫川关等六个较大战斗遗址，有唐澍、徐宝珊等六位著名烈士故居或牺牲地及墓葬地，还有商州城、龙驹寨等十余处重要革命活动发生地。

（二）商洛革命遗址

商洛红色文化资源种类多、数量大、内容丰富、分布广泛，境内有许多会议会址、战斗遗址、故居、纪念地等。重要会议会址：丹凤县竹林关——中共湘鄂西中央分局会议；丹凤县庾家河镇——中共鄂豫皖省委第 18 次常委会遗址；商南县白鲁础——中共中央中原局会议遗址；丹凤县留仙坪遗址——中原部队与陕南干部联席会议遗址；丹凤县封地沟——中共豫鄂陕边区党委扩大会议遗址；丹凤县上庄坪——中共豫鄂陕边区党委会议遗址。

著名战斗发生地：漫川关战斗遗址、庾家河战斗遗址、袁家沟口战斗遗址、前坡岭战斗遗址、口头坪战斗遗址、高桥战斗遗址。

著名烈士故居或牺牲地及墓葬地——唐澍同志纪念亭和纪念碑、徐宝珊同志纪念碑亭，等等。

其他重要革命活动发生地：商州城、龙驹寨、黑龙口、三要镇、赵川镇、杨家斜、红岩寺街、镇安县城、蔡玉窑镇与九间房街、青山街与富水镇、梁家坟、青铜关、麻街、留仙坪与北宽坪、黑山镇、封地沟等。

此外，可作为革命纪念地的还有：洛南县会仙台农民协会旧址、丹凤县梨园岔区苏维埃遗址和孙家山区苏维埃遗址、商南县刘家花屋苏维埃遗址、镇安县店垭子苏维埃遗址、商洛地区烈士陵园、丹凤烈士陵园、商南烈士陵园、柞水红岩寺烈士陵园、镇安文家烈士陵墓、镇安茅坪烈士陵墓，等等。

第二节　陕南精神形态的红色文化资源

陕南精神形态的红色文化资源是指革命年代形成的精神及人民群众创作的通俗易懂的红色歌谣。其中，陕南红色文化精神是指陕南苏区精神。

一、陕南苏区精神

陕南苏区指红四军和红二十五军创建的"川陕和鄂豫陕"革命根据地的陕西省陕南地区的汉中市、安康市、商洛市的28个县区。陕南苏区红色文化资源存在的一个重要特点就是陕南地区苏维埃政权的建立，这里形成了陕南苏区红色文化资源的精髓——陕南苏区精神。

（一）陕南苏区红色文化资源分布概况

土地革命战争时期，在中共中央领导下，中共鄂豫陕省委、鄂豫陕特委以及红四军、红七十四师在以商洛为中心的广大区域，进行了艰苦的武装斗争，创建了鄂豫陕革命根据地。从1934年12月至 1937 年 4 月，先后建立了鄂陕边区苏维埃政府和 2 个县、13 个区、46 个乡、314 个村的苏维埃政权。中共陕南特委建立以后，领导共产党人和陕南人民开展革命斗争，推动了汉中和安康地区革命斗争的发展。红四方面军从 1932 年 12 月进入陕南汉中地区到 1935 年 2 月下旬，在陕南镇巴、西乡、勉县等县境内建立了 5 个县 22 个区镇、95 个乡、320 个村的苏维埃政权。早在 1932 年，川陕苏区就被毛主席评价为"中华苏维埃共和国第二大区域"。同时，中国共产党领导陕南人民积极地创建陕南游击根据地、川陕革命根据地、鄂豫陕革命根据地、豫陕鄂革命根据地。

陕南游击根据地：由中共陕南特委领导创建的根据地，时间从 1930 年 11 月在南郑县龙岗寺召开的陕南第二次党代表会议开始，至 1933 年"马儿崖"事变发生，根据地丧失。

川陕革命根据地：由红四方面军和川陕边区人民共同创建的一块根据地，辖区主要分布在汉中地区的镇巴、南郑等 5 个县境内，时间从 1932 年 12 月红四方面军进入汉中地区到 1935 年 2 月撤出陕南开始长征。

鄂豫陕革命根据地：由中共鄂豫陕省委、鄂豫陕特委和红二十五军、红七十四师创建的革命根据地，时间从 1934 年 12 月红二十五军到达陕南洛南县到 1937 年 4 月红七十四师到长安县大峪口整训。

豫陕鄂革命根据地，是解放战争时期，中国人民解放军晋冀鲁豫野战军太岳兵团在豫西、陕南、鄂北领导创建的根据地。1947 年 7 月创建，1948 年 6 月划为豫南和陕南两个战区。所辖党组织分别划归中共陕南区党委和中共豫西区党委。中国共产党领导陕南人民建立革命根据地的革命斗争中，不仅为陕南和中国人民的解放事业做出了巨大贡献，也给陕南地区留下了大量的革命遗存和丰富的红色文化资源。

（二）陕南苏区红色文化资源的精神内涵

陕南苏区精神是当时所有苏区军民用鲜血和生命所铸就的革命精神。陕南苏区精神的主要内容是，建国执政的坚定信念、执政为民的宗旨观念、人民当家做主的主体精神。① 其中，执政为民的宗旨观念是陕南苏区精神的核心。

建国执政的坚定信念：从1932年到1934年，红四方面军和红二十五军在鄂豫皖根据地革命斗争遭受严重挫折的情况下进行战略转移并创建了川陕和鄂豫陕革命根据地。川陕和鄂豫陕革命根据地的陕西南部统称陕南苏区。在陕南苏区的建设中，红四军和红二十五军始终把建立苏维埃政权作为首要革命任务，苏区是中华人民共和国的最初雏形，苏维埃政权是中国共产党在战争环境下，首次在军事、经济、政治、文化等各方面对国家进行治理和管理的一次实践。反映了中国共产党人建立中华人民共和国的决心和信心，是实现建国执政的坚定信念的伟大实践。

执政为民的宗旨观念：在陕南苏区苏维埃建立后，苏区党政干部牢记"真心实意为群众谋利益"的执政宗旨，切实解决群众实际问题，开展轰轰烈烈的土地革命。鄂豫陕省委指示："彻底执行苏维埃的土地法令、劳动法令、经济政策，要在彻底执行苏维埃政纲改善群众生活的工作中来动员广大群众参加革命。"正因为党和苏维埃政权做到了执政为民，真心实意为人民谋利益，所以赢得了苏区群众的拥护和支持。苏区群众积极参军参战，使苏区的存在有了坚实的基础。

---

① 陈卓．陕南苏区红色文化资源价值探析[J]．价值工程，2013（17）：312．

人民当家做主的主体精神：在陕南苏区苏维埃政权建立的过程中，中共鄂豫陕省委、中共川陕省委充分尊重广大人民群众在革命中的主体地位，真正实现贫苦农民当家做主。在根据地建立的各级苏维埃政权中，主席和委员绝大多数都由当地贫苦农民担任。同时，农民自己还组织并参加贫民团、雇农工会、妇女委员会、农民协会、农民游击队等。在陕南革命斗争中，农民主体精神的发挥，推动了陕南苏区政治、经济、军事斗争的开展，体现了广大人民群众高度的革命积极性和主人翁精神。

总之，陕南苏区红色文化资源的精髓——陕南苏区精神既具有土地革命战争时期形成的苏区精神的一般内涵，又有自己的特色。

（三）陕南苏区红色文化资源的时代价值

陕南苏区红色文化资源的精神内涵——苏区精神，是陕南地区革命年代红色文化资源中最核心和最精华的部分，其所蕴含的丰富的革命精神和文化内涵具有坚定理想信念的导向功能、民族精神与时代精神凝聚的作用和确立高尚人生观、价值观的教化作用。

第一，陕南苏区红色文化资源是中国共产党人领导陕南广大人民群众在进行革命斗争的过程中形成的。建国执政的坚定信念天然地具有理想信念的导向功能。在长期的革命斗争中，正是社会主义、共产主义理想信念，激励革命前辈克服种种困难和挫折、深信中国革命必然胜利、战胜强大的敌人、取得革命的胜利。遍布陕南青山绿水间的红色文化资源是独特的思想教育和政治文化资源，体现了中国共产党人和广大人民群众对社会主义、共产主义的坚定信仰，是中国共产党人坚定正确的理想信念的凝聚和升华。

第二，陕南苏区红色文化资源蕴含民族精神和时代精神，在5000多年的历史长河中，中华民族形成了以爱国主义为核心的团结统一、爱好和平、勤俭勇敢、自强不息的民族精神。在每一个历史阶段，民族精神都有它相应的具体体现。红色文化就是民族精神在中国共产党领导中国革命和建设的历史时期的具体体现。陕南苏区精神中执政为民的宗旨观念，体现了中国共产党人"真心实意为人民谋利益"的执着追求，深化了我们对自强不息的民族精神的理解，加深了我们对中国共产党全心全意为人民服务宗旨的感悟。执政为民、争创第一成为我们升华灵魂的精神家园和为民族、国家的繁荣富强而奋斗终身的强大精神支柱。

第三，中国共产党是无产阶级的先锋队组织，其宗旨是全心全意为人民服务。在陕南苏区，各级党组织坚持不懈地对广大党员和干部进行马克思主义教育，号召广大党员干部尊重人民群众在革命中的主体地位，牢固建立人民当家做主的革命政权，教育广大党员干部传承勤劳朴素、克己奉公的美德，自觉保持无产阶级政党的先进性和共产党人的先锋模范作用。因此，苏区广大党员干部尽管掌握着苏维埃政权各方面的权力，但他们没有高居于人民群众之上，滥用权力谋取私利，而是与群众艰苦与共、患难相依，赤诚为广大人民谋利益，艰苦奋斗、廉洁奉公、无私奉献、不怕牺牲体现了中国共产党爱国为民的忠诚精神和全心全意为人民服务的高尚人生观、价值观。

总之，陕南红色文化资源的精髓——陕南苏区精神，反映了土地革命时期中国共产党的艰苦斗争历程和中国共产党人的理想追求、精神风貌、思想品德、行为准则、工作作风等，是中国共产党和陕南人民宝贵的精神财富。新时代领悟陕南苏区精神所蕴含的执政为民、艰苦奋斗、廉洁奉公、无私奉献的革命精神，对于团结陕南人民奋发向上、昂扬进取有巨大作用。

二、陕南红军歌谣

陕南红军歌谣产生于 1922—1949 年，广泛传唱于鄂陕革命根据地、川陕革命根据地，主要集中于陕南苏区。陕南红军歌谣是陕南革命老区人民经过枪林弹雨流传下来的，是老区人民、红军战士集体创作的结晶，在人民群众中一代代流传至今，是一部永远唱不完的歌。它是红军和当地革命人民用鲜血浇灌出来的一簇簇有生命的鲜花，是一部真实记录和讴歌红军时期鄂、豫、陕苏区和川、陕苏区英勇奋斗的"史诗"。

例如，紫阳红色歌谣，紫阳县是革命老区，也是民歌之乡。在抗日战争和解放战争时期，中共组织和革命军队常来这里开展革命活动。2001 年 12 月 30 日，紫阳县被陕西省人民政府批准、国务院备案补划为革命老区。[①] 红四军、红二十九军、红七十四师、川陕游击队、陕南人民抗日军第一军，杨虎城部的紫阳籍人卢楚衡与陈秀凤夫妇创立的抗日义勇联队，以及王世风、康萍、胡宝玉、张保三等人组成的紫阳地方游击队和中共安康地委机关秘密转移到紫阳芭蕉口的设立，都极大地影响着紫阳人民。1936 年，卢楚蘅、陈秀凤组织的抗日义勇军联队，以莲花寨为据点，在紫阳、岚皋两县交界处广泛开展抗日宣传活动，把民歌《打牙牌》改编为《吃饭歌》："这些饭食，人民供给。我们应当，为民努力。帝国主义，国民之敌。救国救民，吾辈天职。"把它教唱给联队战士，并用民歌曲调创编了《爱国歌》《救亡歌》和《我们是铁的队伍》等歌曲，向战士们教唱。1933 年至 1938 年，红四方面军、川陕游击队、陕南人民抗日第一军等队伍，在紫阳驻扎、活动期间，战士们将民歌

---

① 紫阳县黄草梁战斗遗址〔EB/OL〕. http://dys.ankang.gov.cn/Content-1593 27.html.

《十把扇子》改为《草鞋歌》:"一双草鞋板板薄,脚上缠的灰裹脚,身上穿的短戳戳,腰杆围的子弹壳,背上背的步步枪,见了敌人打一仗。又吹洋号又唱歌,你看我们好快活。"直到20世纪80年代,当年紫阳籍的老红军战士覃景怀,对这支歌都还句句记得。他说:"这歌在我们队伍中和百姓里广为流传。""离开镇巴过紫阳,翻过巴山天池梁。又下四川进西康,北上抗日保家乡。"这首流传在紫阳的通山歌《北上谣》,经老人们一唱,立即把我们带入了当年红军队伍翻山越岭的意境中。①

红色歌谣是红色文化的一种重要载体,所体现的革命文化和革命精神具有鲜活的教育意义,是思想政治教育的重要载体。

第三节 陕南具有代表性的革命志士与革命先烈

陕南红色文化资源不管是遗址堂馆、纸质文献、器皿器物还是歌谣故事,都体现了革命先烈和建设者们不怕牺牲、不负人民、艰苦奋斗、自强不息、信念坚定和永不言弃的崇高品德。陕南这片红色土壤,孕育了一大批革命先烈和革命英雄。他们为民族解放、人民当家做主和社会主义建设事业做出了卓越贡献。

一、何挺颖——不朽井冈英雄

何挺颖是陕西省汉中市南郑县城关镇(原周家坪)何家湾村人。1905年5月11日出生,1925年为了探索革命真理离开汉中,

---

① 紫阳的抗日情怀[EB/OL].http://akxw.cn/news/xianqu/ziyang/2015-08-28/224669.html.

考取了上海大同大学数学系,五四运动后转入上海大学社会学系。在此期间,何挺颖师承中国共产党早期领导人瞿秋白,接受进步思想熏陶,广泛接触马克思主义,同年6月加入中国社会主义青年团,后加入中国共产党。1926年受党指派参加北伐战争,在北伐军李品仙部担任团指挥。1927年初按照党组织的指示,进入国民党武汉中央军事政治学校学习军事,后分配在国民党军第二方面军总指挥部警卫团(简称武汉警卫团),担任干部连指导员,协助团长卢德铭负责国民党政府的警卫任务。大革命失败之后,7月奉中共中央军委命令参加南昌起义,所在部队在九江登陆时,因张发奎阻挠延误了时间,未能赶上南昌起义,后在江西修水休整待命。1927年9月奉命随部队参加湘赣边界秋收起义,任工农革命军第一军第一师第一团连党代表。在攻打中心城市失利后,力排众议,极力支持毛泽东率部"向农村地区转移"。在著名的"三湾改编"中,毛泽东吸纳了何挺颖的建议,提出了"支部建在连上"的原则,"党管武装、政治建军"宏愿闪耀着何挺颖的智慧之光。"二湾改编"时,毛泽东将工农革命军"缩师为团",何挺颖担任工农革命军第一师第一团党代表,成为中国共产党领导的第一支工农革命军的主要领导。1927年10月3日工农革命军抵达宁冈古城,何挺颖参加了"古城会议"。1927年10月7日在毛泽东的领导下率部到达宁冈茅坪,开始了伟大的井冈山斗争。

何挺颖是井冈山革命根据地的开创者之一,是红军初创时期政治工作的元戎,是毛泽东、朱德最为得力的助手之一。在井冈山斗争时期,何挺颖先后担任工农革命军第一师第一团党代表、工农革命师委书记、红四军第十一师党代表(毛泽东代师长)兼三十一团党代表、二十八团党代表,为井冈山革命根据地创建、巩固、发展做出了巨大贡献。毛泽东在《井冈山的斗争》一文中说,1928年

"三月中旬前委因湘南特委的要求而取消，改组为师委（何挺颖为书记）"。这时，毛泽东是师长，何挺颖是师委书记。1928年8月底，何挺颖指挥了举世闻名的黄洋界保卫战，首创了红军"以少胜多"的成功战例。1929年1月，何挺颖随毛泽东、朱德率红军主力转战南闽西，以击破国民党军队对井冈山的第三次"会剿"。其间，何挺颖在大余战斗中英勇负伤，1月26日在转移途中壮烈牺牲。

何挺颖的一生短暂而辉煌，事迹可圈可点。毛泽东、朱德等得知何挺颖牺牲的消息后，深表哀悼。中华人民共和国成立后，毛泽东还多次过问何挺颖的家人情况，给予了极大的关怀。1965年，毛泽东重上井冈山，曾回忆起何挺颖的光辉事迹，高度评价了何挺颖的一生。①

与何挺颖有关的红色文化资源主要有故居、纪念碑、雕像等。

二、廖乾五——我党早期优秀政治军事干部

廖乾五，1886年2月18日出生在陕西平利八仙镇，原名正元，又名华龙，化名刘省三，1922年在武汉加入中国共产党，1930年9月在湖南长沙市郊被国民党当局秘密杀害，时年44岁。短短的8年革命生涯，廖乾五转战全国10多个省市。他一生无儿无女，是文武双全的中国共产党早期优秀政治军事干部，在大革命时期，他就开始参加军队工作，依据马克思主义的基本原理，在负责领导和组织开展政治工作过程中，初步摸索开展军队政治工作的若干思想，对铁甲车队及国民革命军第四军政治工作制度的建立、

---

① 王仕文. 何挺颖生平思想学术研讨会在陕理工召开［EB/OL］. http://sx.sina.com.cn/hanzhong/focus/2016-01-25/170920040.html.

发展做出了卓越的贡献。

廖乾五首先建立和完善军队各项政治组织和各项政治工作制度。革命军队必须有革命的政治工作,这是保证革命军队完成其任务的重要因素,① 而制度建设是政治工作的保障。

廖乾五把思想政治工作与组织纪律相结合,采用丰富多样、生动活泼的方式方法。思想政治工作是政治工作的中心环节,然而革命军队必须有革命纪律。廖乾五把开展纪律教育和执行革命纪律作为军队思想政治工作的重要内容,即以革命精神维持纪律,或通过执行纪律达到教育目的。② 纪律是军队集中统一和战斗力生成的决定因素,所以加强纪律教育尤为重要。

廖乾五同志开展广泛的革命宣传工作,宣传群众和教育群众。革命军队之所以能够在战斗中、战争中取得胜利,在很大程度上是与人民群众的支持分不开的。因此,革命军队的思想政治工作,不但要教育官兵,而且要开展广泛的革命宣传工作,宣传群众、教育群众,鼓动群众投身革命、支持革命军队,并使革命军队与民众相结合,成为人民的武装。

北伐时国民革命军共有 8 个军,以第四军的共产党员和共青团员最多。第四军共有官兵 6 000 多人,据不完全统计,共产党员有 2 500—3 000 名。尽管当时国共两党不允许公开在军中建立中共党组织,但廖乾五很注意发挥党团员的模范带头作用③。第四军在战场上所向披靡,先后在汀泗桥、贺胜桥处大败吴佩孚,并顺利攻下

---

① 于兴卫. 大革命时期周恩来军队政治工作思想及其实践 [J]. 军事历史研究,1996(02).
② 王树荫. 论中国共产党早期军队的思政工作历史经验 [J]. 思想教育研究,2005(02):48.
③ 王树荫. 论中国共产党早期军队的思政工作历史经验 [J]. 思想教育研究,2005(02):48.

武昌，屡立战功，荣获"铁军"美誉。廖乾五进行军队中党组织建设，以共产党员、共青团员为骨干，传播革命思想。这些共产党员、共青团员平时做训练工作和群众组织工作，宣传党的思想理论，扩大党的影响，战时他们以身作则、冲锋陷阵、奋勇争先、以模范行动鼓舞身边官兵浴血奋战。

廖乾五的一生，是忠诚革命的一生、英勇战斗的一生。他具有崇高的思想品德，正确的政治立场和坚定的政治方向；勇于斗争、坚贞不屈为党和人民事业奋斗终身的大无畏革命精神；坚持理论联系实际、密切联系群众、全心全意为人民群众服务的情怀；解放思想、敢为人先、勇于担当的精神境界，他以自己的实际行动，良好的工作作风，树立起政治工作人员的威信。他永远值得人民缅怀和纪念，他永远活在人民心中。

与廖乾五有关的红色文化资源主要有故居、纪念像、雕塑等。

三、白色恐怖中的忠勇斗士

（一）革命烈士——陈锦章

陈锦章（1898—1935），名文彩，又名锦文，字锦章，笔名瑾芳，陕西省宁强县人。1923年考入上海美术专科学校，次年转入上海艺术大学师范教育系，并加入了中国社会主义青年团。五四运动后加入中国共产党。1927年10月中共陕南特委成立后，陈锦章在特委书记刘甲三领导下，于同年11月在城关金家坪建立了中共宁强支部；创办了光华复习学校，以传播革命理论。他还计划利用民间丧葬组织孝义会作掩护，组织武装暴动，后因形势恶化，计划未能实现。

1928年4月，国民党新军阀势力在汉中搜捕共产党员，中共陕南特委被迫中止活动。不久，陈锦章在宁强被捕，后经营救出狱，前往四川成都。1929年夏回汉中，一边教书，一边秘密从事革命活动。1930年11月，中共陕西省委特派员梁益堂在南郑龙岗寺主持召开党员代表会，选举产生新的中共陕南特委，陈锦章被选为特委委员，负责学生运动。在白色恐怖下，中共陕南特委机关经常在陈家办公和开会，陈锦章的家也是特委编印和散发文件、传单的秘密场所。

1935年农历正月初一，红四方面军攻克宁强县城及阳平关、金牛驿等地。陈锦章便带领全家（除年迈老母外）参加了红军。他被分配到川陕苏区的中共木门区委；他的弟弟陈文华、陈文芳被分配到苏区元坝县和宁强县；他的父亲陈大训、妻子吴嘉珍、妹妹陈静云、女儿陈亚民，以及弟媳李泽生、宁秀琴，侄女青梅，被分配到旺苍红军被服厂。红四方面军离开川陕苏区长征时，父亲因年迈被留在旺苍，其余人都随红军征战。然而，长征结束到达陕北的，只有他的妹妹陈静云（改名陈贞仁）一人；长女亚民、次女汉兰子在征途中失散，被群众收留；两个弟弟、两个弟媳、侄女和他本人都先后牺牲或失踪。1982年被追认为革命烈士。陈锦章烈士的一生，是革命的一生，是为民族、为人民利益而奋斗的一生。他的革命精神将永远激励人们前进。①

与陈锦章有关的红色文化资源主要有陈锦章故居。

（二）革命烈士——陈浅伦

陈浅伦（1906—1933），字微五，化名陈潜，陕西省西乡县人。1928年在上海江湾劳动大学加入中国共产党。1931年6月，团中

---

① 陈锦章—英烈纪念堂—中国军网［EB/OL］. http：//www.81.cn/yljnt/2018-01/15/content_7909152.htm.

央派其回陕西加强共青团的领导工作,任共青团西安市委书记兼宣传部部长。1932年2月,受中共陕西省委派遣回陕南开展革命活动,任中共陕南特委书记。同年12月,在红四方面军的帮助下,成立了川陕边区游击队,任政委。后主要负责创建红二十九军的工作,1933年2月13日,更名为"红二十九军游击支队"的川陕边区游击队正式改编为中国工农红军第二十九军,陈浅伦任军长。4月,在震惊陕南的"马儿崖"事变中英勇牺牲,时年27岁。

与陈浅伦有关的红色文化资源主要有陈浅伦故居等。

(三) 革命烈士——刘秉钧

刘秉钧(1901—1931),又名刘平衡,化名张国珍,笔名刘平、瞾痕,陕西省城固县人。1917年从县立高等小学毕业。1919年春考入北平师大附设第一中学读书,1922年夏考入上海南方大学,1923年加入中国共产党。1925年初,刘秉钧接到城固县各界控告县知事汪兴涛贪污虐民快函,随即召开同乡会会议,决定函复城固县公民代表,表示旅沪同乡愿作桑梓后盾,并致省、道快邮代电,要求速将汪兴涛撤职查办。他们将汪兴涛罪状、城固县公民与旅沪同乡会往来函电刊于《汉钟》。在各方声讨与社会舆论压力下,汉中道将汪兴涛撤职,并追回部分赃款。1927年2月11日,刘秉钧出席中共上海区委第一次代表大会。

刘秉钧于1927年10月25日在萨婆路联络点召开会议时,因叛徒告密而被捕,被关押于捕房。党组织虽多方营救,但均未能奏效。1931年4月,刘秉钧死于狱中,时年30岁。[①] 1950年刘秉钧被城固县人民政府追认为革命烈士。

---

① 王长江,张敏,田会如. 汉中历史上第一位城固籍党员刘秉钧传[EB/OL]. https://www.sohu.com/a/233324697_100166988.

与刘秉钧有关的红色文化资源主要有刘秉钧故居、刘秉钧纪念碑等。

(四) 巩德芳全家六人为革命献出了生命

巩德芳（1909—1947），陕西省商县（今商州区）人。早年参加农民自发武装红枪会，后来加入商县地方武装，担任过商县常备队分队长、副队长等职。1938年4月，巩德芳经中共商洛工委书记王伯栋介绍加入中国共产党。不久，王伯栋被国民党顽固派杀害，根据中共商洛工委指示，巩德芳组织常备队中的地下党员处决了谢孝廉，率领其中的共产党员和进步青年100多人成立了抗日游击队。

1946年5月，中共商洛工委和陕南游击队指挥部成立，巩德芳担任工委委员、指挥部指挥，与副指挥薛兴军一起率领六七百人的游击队，在商县、洛南打了许多胜仗。1946年7月，中原解放军北路突围部队进入陕南，巩德芳发动群众做了一系列接应工作，为中原部队尽可能提供了便利，并亲自负责李先念、郑位三、陈少敏等领导同志的安全工作。巩德芳和地委书记兼分区政委刘庚一起，指挥3 000多人的游击队，先后与主力部队配合作战50余次，开辟了广大的游击根据地。由于长期辗转战斗，巩德芳的胃病复发，在没有粮食和医药的情况下，于1947年3月22日病逝。巩德芳全家八口人，先后有六人为革命献出了生命。①

今天我们享受安宁、祥和、美丽的幸福生活时，不能忘记这些英雄们，我们应该永远缅怀他们，记住他们。

---

① 党言实.陕西党史重要人物巩德芳［N］.陕西日报，2011-06-01（3）.

（五）中华人民共和国的三位将军

1. 大山里走出的将军——何振亚

何振亚（1913—1978），原名何继周，字子新，出生于陕西省汉阴县龙王沟（今汉阴县双河口镇）一个贫穷的农民家庭。1918年，何仁高（何振亚父亲）先后购买了房屋和田地，家庭条件有所好转。父亲给何振亚请了私人教师，何振亚第二年转入本地县立初级小学。1927年，14岁的何振亚考入了县立高小读书。1928年，由于地方混乱，土匪蜂起，列强横行。何仁高怕何振亚在外出事，逼迫他停学回到家里，帮其承担起犁田打耙的重担。第二年春天，何振亚战胜种种困难，又返回母校继续读书。1930年，何振亚读完汉阴高等小学，到西安考入杨虎城的十七路军军官训练班。在训练班里中共地下党员的影响下，树立了献身民族解放事业的信念。1932年毕业后，被分配到安康绥靖陆营军士训练班当司务长、班长共八个月。后来被分配到该部四团三营九连，任排长、连附等职。在何振亚投军之时，正是九一八事变之后，全国抗日救亡呼声高涨，加之红二十五军、红四方面军和红三军经过陕南的影响，萌发了他的政治觉悟，启示了他的斗争方向和道路。

1936年2月，何振亚组建了陕南游击纵队，在汉阴县双河口镇频繁活动，他们以红军为榜样，进行部队组建和开展地方工作，实行官兵一致、严明纪律、打富济贫，顺应了秦岭山区贫苦农民的要求，三四个月的游击活动，就发展到500余人，编为五个中队。1936年7月，何振亚领导的陕南游击纵队被中共西北特支命名为"陕南人民抗日第一军"，何振亚任军长，按照党的八一宣言精神，起草《陕南人民抗日第一军宣言》，号召团结抗日，反对内战。8月13日在今天的汉滨区紫荆镇刘家大院召开"陕南人民抗日第一军"成立大会，发表《宣言》和《告人民书》。陕南人民抗日第一军成立后，很快发展到1 000余人。西安事变后，陕南人民抗日第一军奉命改为抗日联军南路第一军，开赴潼关以东执行任务。1937年初，何振亚率领陕南人民抗日第一军1 000余人挥师北上，与红十五军团会合。2月在甘肃庆阳西峰镇，正式编为红十五军团警卫团，投入到抗日战争的烽火之中。

1937年3月，何振亚加入中国共产党。七七事变后，何振亚任一一五师三四四旅警卫营长，部队东渡黄河北上抗日，参加了平型关战役、忻口会战等。解放战争时期，在东北参加四平、开原、义州、锦州的攻坚战及公主岭、辽西、平康歼灭战，在解放战争中功绩卓著。1952年4月，何振亚参加抗美援朝战争，任志愿军空军参谋长。1955年，何振亚被授予少将军衔，荣获"八一"三级勋章、抗日战争二级独立自由勋章。1978年10月24日病逝于北京。[①]

中国革命历史是最好的营养剂，英雄是民族最闪亮的坐标。何振亚是不怕困难、不顾自身安危、为了人民大众的利益而勇于奋斗的杰出人物。何振亚之所以会成为英雄，是源于他的成长环境潜移默化的影响，源于对劳动人民的深厚感情，源于对马克思主义信仰信念的坚守及其杰出的政治和军事才能。何振亚身上的担当精神代表了中国共产党人的鲜明品格，是党的宝贵精神财富，永远值得我们学习和发扬。

与何振亚有关的红色文化资源主要有何振亚故居、双河口古镇陕南抗日第一军纪念馆。

---

① 安康市人民政府. 何振亚［EB/OL］. http://www.ankang.gov.cn/Content-73736.html.

2. 中国人民解放军开国少将——沈启贤

沈启贤（1911—2010），陕西省汉阴县人，中国共产党的优秀党员，久经考验的忠诚的共产主义战士，优秀的军事指挥员。

1925年，沈启贤入汉阴县立高级小学读书。1930年，沈启贤参加西北军，受到进步思想影响。1936年，国民党陕西警二旅四团四连，在沈启贤、李传民的率领下，处死反动连长，于商县夜村起义，到宁陕县与陕南人民抗日第一军会合，沈启贤任陕南人民抗日第一军参谋长。后陕南人民抗日第一军编为红十五军团警卫团，沈启贤任参谋长。1937年2月，沈启贤加入中国共产党。

抗日战争时期，沈启贤被派赴延安参加抗日军政大学三期学习，后任四期教员训练队队长。红军改编为八路军后，沈启贤任一一五师三四四旅教导营营长，后随黄克诚领导的三四四旅挺进敌后，鏖战苏皖，参加了辽沈战役、平津战役、渡江战役以及解放湖北、湖南、广西等一系列重大战役，为建立中华人民共和国做出了重大贡献。1950年，沈启贤调任三十九军参谋长。抗美援朝战争爆发，沈启贤率三十九军入朝参战，参加了朝鲜一、二、三、四次反攻战役，直至攻克汉城。其间为打破美帝国主义的空中优势，刚刚诞生不久的中国人民解放军空军组建志愿军空军，沈启贤临危受命调任志愿军空军参谋长。1952年至1957年，沈启贤先后任南京军事学院空军系副主任、主任，创办空军系，为空军军事教学事业奠基。沈启贤1955年被授予少将军衔，荣获中华人民共和国军功勋章三枚：三级"八一"勋章、二级独立自由勋章、一级解放勋章，并于1988年被授予中国人民解放军一级红星功勋荣誉章。2010年1月24日，沈启贤在北京逝世，享年100岁。

与沈启贤有关的红色文化资源主要有沈启贤故居、双河口古镇陕南抗日第一军纪念馆。

3. 中国人民解放军开国少将——杨弃

杨弃（1918—1975），别名泳周，陕西汉阴县蒲溪镇人。杨弃15岁时考入省立七中（安康中学），在此期间接触到进步书刊，思想逐渐倾向进步。高中时期，时值七七事变爆发，杨弃遂萌发投笔从戎、参军抗战的念头，可惜的是由于种种原因都未成功。一次是报考武汉航校，一次是去抗大学习。在去抗大学习的行动失败后，杨弃只得回到安康中学，后经人介绍加入抗日民族先锋队，投入抗日救亡的宣传活动。1938年，时年21岁的杨弃和很多青年一样，怀揣满腔热情奔赴延安，由于年龄大，加上有一定的文化，被编入抗日军政大学学习，同年加入了中国共产党。抗大毕业后，杨弃被分配到八路军一一五师三四四旅六八九团九连任文化教员。

解放战争期间，他带领部队参加了开辟西满、保卫四平、攻克锦州、解放沈阳等战役。之后，奉命率部入关，参加了平津战役。在抗美援朝战役中，杨弃身负重伤，依然带伤坚持战斗。1953年5月杨弃回国，历任三十九军政治部主任、旅大警备区政治部副主任。1964年，时任辽宁省军区政委的杨弃晋升为少将。杨弃将军和三十九军的战士打成一片，且吃苦耐劳、作战勇敢，一次子弹从他的脖子穿进，一次右腿粉碎性骨折。1975年4月23日，杨弃病逝于沈阳。中共辽宁省委批准杨弃为革命烈士。

杨弃从加入党组织的那一刻起，始终对党忠诚、忠心耿耿。我们要学习他始终坚守自己的信仰、坚守共产党人的初心。

与杨弃有关的红色文化资源主要有杨弃故居。

第四节　陕南物质形态的红色文化资源

2014年12月14日，习近平总书记在视察南京军区机关时指出："历史是最好的教科书，也是最好的清醒剂。"[①] 每一处革命遗迹、每一件革命文物、每一段革命故事都是红色文化理念、传统美德、人文精神的有形载体和鲜活记录。作为陕西组成部分的陕南，有着重要党史人物、著名烈士的故居，重大历史事件发生地、旧址等革命遗址多处。陕南拥有革命遗址资源"富矿"，这些革命遗址是秦巴山区壮丽的丰碑和风景线，也是中国共产党人浴血奋斗的精神地标，给我们留下了永恒的记忆。

一、具有代表性的纪念馆等

（一）川陕革命根据地纪念馆

纪念馆位于汉中市西南25千米的国家级水利风景区红寺湖风景区内。1932年冬，徐向前等率领中国工农红军第四方面军主力16 000余人，被迫退出鄂豫皖根据地，奉命向西战略转移。12月经陕南到达川北，与当地革命武装会合，攻下南江、通江、巴中等县，开辟了川陕革命根据地。川陕苏区被毛泽东称为"中华苏维埃共和国的第二区域"。纪念馆是全国百家红色经典旅游景区和陕西省三大红色旅游景区之一，是川陕革命根据地在陕西唯一的纪念馆，也是陕西省国防教育基地、陕西省爱国主义教育基地、省党史

[①] 习近平. 谈治国理政[M]. 北京：外文出版社，2022：287.

研究教育基地、省廉政教育示范基地和省青少年教育基地。

(二) 红四方面军陕南战役纪念馆

红四方面军陕南战役纪念馆位于陕西省汉中市勉县武侯镇，距县城约4千米，占地面积500平方米，于2017年9月建成开馆。陕南战役是土地革命战争时期中国工农红军第四方面军对驻守陕西省南部地区国民党军的进攻战役，此战役共歼国民党军4个多团，俘团长以下官兵4 000余人，缴获各种枪5 000余支，先后取得宁强战斗、阳平关战斗、新铺湾战斗大捷，并先后占领宁羌、沔阳两座县城和阳平关重镇。

陕南战役有力地支援了长征途中的中央红军，揭开了红四方面军长征的序幕，策应了已进入陕南商县一带的红二十五军，是我党武装力量在汉中取得的一场大规模军事胜利，迅速扩大了川陕革命根据地陕南苏区红色版图。①

(三) 红四方面军小河口会议纪念馆

土地革命战争时期，红四方面军第四次反"围剿"失利，一路西征，进抵陕西汉中市，于1932年12月8日在秦岭南麓的城固县小河口镇召开部分师以上干部会议，讨论撤离鄂豫皖根据地后的行动方针，并组成前委会，史称红四方面军小河口会议。纪念馆位于陕西省汉中市城固县小河镇，项目一期投资1 200万元，其中布展投入160万元，于2017年6月30日建成开馆。2017年12月25日，被汉中市人民政府确定为市级文物保护单位。

---

① 汉中党史网 [EB/OL]. http://ds.hanzhong.gov.cn/hzdswz/hsth/202011/b9ba9307d3374dc9aa6a6dbea27f38a9.shtml.

（四）汉中市革命史迹陈列室

汉中市革命史迹陈列室，位于汉台区东大街，隶属汉中市博物馆内设展室。1932年1月，中共陕西省特派委员陈浅伦来汉中，以教员身份领导学生运动，进行艰苦卓绝的革命斗争。后任组建成立的红二十九军军长，在西乡县开展武装斗争中光荣牺牲。展览馆内，一篇篇文字记载、一幅幅真实图片、一条条作战线路图、一件件珍贵的历史文物，带领我们走进栩栩如生的往昔，感受幸福生活的来之不易。

（五）红二十五军司令部旧址

1935年3月8日，以程子华为军长、吴焕先为政委、徐海东为副军长、郑位三为政治部主任的红二十五军由鄂豫皖根据地北上抗日，途经洋县驻军华阳，在这里建立新的革命根据地。红二十五军将司令部设在红石窑村的余家大院内，部署打土豪、分田地、发动穷人闹革命等活动。

红二十五军司令部旧址位于洋县华阳景区内。红二十五军司令部旧址1992年被公布为陕西省第三批文物保护单位。2011年6月，被国家发展改革委、中央宣传部、国家旅游局、中央党史研究室等14个部门授予全国百家红色旅游景点景区，是全省党史教育基地、陕西省爱国主义教育基地。

（六）旬阳县红军纪念馆

位于全国唯一以红军命名的陕西省安康市旬阳县红军乡政府所在地，是第二次国内革命战争时期中国共产党领导下的鄂陕革命根据地，距中华太极城103千米。1935年，徐海东、程子华率红二十五军转战到此，创建革命根据地，建立地方苏维埃政权。在 1935 年 10 月 18 日的战斗中，为掩护红军主力转移，特务班 14 人与敌人 400 人激战，有"神医""医官"之称的指导员高中宽和尚班长壮烈牺牲，当地老百姓秘密掩埋了烈士遗体，事后修坟、立碑、建庙、塑像，在家设立牌位敬奉，尊称"红军老祖"。

红军纪念馆园区集国家国防教育示范基地和陕西省国防教育基地、陕西省青少年教育基地、陕西省廉政教育示范基地为一体，是陕南唯一一个国家 3A 级红色旅游景区，也是广大党员干部的"精神之都"。陕西省旅游局将旬阳列为连接西北西南丝绸之路、长江三峡旅游线重点县，红军乡被列为旬阳东线红色旅游点。

（七）石泉革命纪念馆

纪念馆于 2016 年在北辰公园建成。石泉革命历史悠久，从 1932 年开始，红四方面军、红二十五军、红七十四师、陕南人民抗日第一军在这里活动；1924 年冬，就有石泉进步青年易厚庵在延安加入中国共产党；1946 年，中原解放军北路突围部队过境两河并在这里活动。他们在这里留下了许多可歌可泣的革命斗争故事，在战斗过程中留下的革命遗址、遗迹和散落在民间的一些实物，由于年代久远，有的丢失，有的被遗弃，还有些革命文物被毁坏。为了保存革命历史文物，使红色文化代代相传。县委、县政府决定修建石泉革命纪念馆，该馆于 2013 年 11 月动工修建，2016 年 12 月底建成开馆。该馆总占地面积 8 000 平方米，其中纪念馆建筑面积 1 151.36 平方米，主要陈列县内革命历史文物、人物图片资料等，现有各类藏品 300 余件，整个展陈以革命历史为轴线，以多支革命武装、革命斗争活动为支线，采取思想性、史实性、艺术性的表现手法，彰显石泉各个革命时期的史、事、人、物，突出烘托石泉为革命做出的杰出贡献和改革开放 40 年来所取得的巨大成就两大主题。

(八) 商洛市革命老区纪念馆

商洛市革命老区纪念馆始建于 2014 年，2015 年 10 月正式建成并开馆展出。商洛是鄂豫陕和豫鄂陕革命根据地的中心区域，李先念、徐向前、贺龙、王震、徐海东等老一辈无产阶级革命家曾在此与商洛人民一起抛头颅、洒热血、出生入死、浴血奋战。整个展厅共有 3 层，1 700 多平方米的展馆，外观结合了红色主题和陕南民俗建筑风格的特点，顶层尖尖的造型象征着红军的帽子。吸引人的不只是它的外形，馆藏的 6 300 多件档案实物和 3 200 多幅照片才是其"内涵"所在，它是目前商洛市唯一的档案史料纪实展厅，属全省独特风格的爱国主义教育基地之一。展厅通过详细的图文、珍贵的实物和生动地讲解浓缩了商洛人民在党的领导下发展壮大的光辉历程，再现了商洛革命志士在这片红色的热土上浴血奋战的光辉足迹，诠释"不屈不挠、艰苦奋斗、顾全大局、无私奉献"的老区精神。

(九) 商洛县委县政府纪念馆

中共商洛县委、县政府驻地旧址在北宽坪五峰山下的唐渠村，为 1946 年 7 月中原军区及所属部队"中原突围"来陕南后，创建的豫鄂陕革命根据地地方民主政权旧址。1946 年 8 月，李先念带部队来到北宽坪五峰山下，住在唐渠南坡上 50 米处李仓升家的四合院里。在他的主持下，陈少敏、巩德芳等 5 位同志在这里成立了商洛县政府。县委领导 23 支队，在短短几个月内就由四五百人发展到 1 200 余人。其时县辖区范围是：东至今丹凤留仙坪、老君沟、庚家河；西到今商州市腰市、麻街野人沟；南至丹江北岸；北迄今洛南马河、四皓，方圆200多里。县政权成立后，积极发动群众，打土豪，抗粮抗捐，并在此基础上组建区乡政权，宣传扩军，开展武装斗争，使敌人闻风丧胆。1947年春，中原部队实行战略转移，离开商洛，国民党随之集结兵力对革命根据地组织清剿。奉二分区地委指示，商洛县干部及游击队分散隐蔽，转入地下活动。1947年，中共商洛县委、县政府驻地旧址被国民党官兵烧毁。2016年，当地政府在原址附近一处较为平坦的地方仿建了一个四合院，并命名为中共商洛县委县政府纪念馆，供人们参观。

二、具有代表性的纪念碑（纪念广场）

（一）城固县革命烈士纪念碑

城固县革命烈士纪念碑位于城固县董家营镇南沙河风景区内，1991年修建。碑高18米，占地784平方米，花岗岩砌成，大理石雕栏，在绿水青山蓝天映衬下，高大雄伟，庄严肃穆。纪念碑上部刻有毛泽东、马文瑞、汪锋的题词，下部刻有为革命牺牲的153位城固籍烈士姓名，以此来缅怀先烈。纪念碑于2001年被确定为城固县爱国主义教育基地。

（二）洋县革命烈士纪念碑

洋县革命烈士纪念碑位于洋县华阳镇华阳街一组的烟家岭山峁上。中国共产党于1929年8月在洋县建立了地下组织。从此，在古洋州这块土地上掀起了汹涌澎湃的革命浪潮。从烟家岭山底到烈士纪念碑平台共有台阶228级，象征228位先烈的鲜血铺平了我们前进的道路。2004年3月，洋县人民政府公布其为县级重点文物保护单位。它是进行爱国主义教育、革命传统教育的重要场所。

(三) 红二十九军革命烈士纪念碑

红二十九军革命烈士纪念碑位于西乡县骆家坝镇回龙村马儿崖。1933年2月,以陈浅伦为代表的一批进步青年,坚定共产主义信仰,积极投身反帝反封建运动,成立了中国工农红军第二十九军,开辟了以马儿崖为中心的革命根据地,同国民党反动派进行了多次英勇战斗,红二十九军军长陈浅伦等近百名干部英勇就义。纪念碑碑高12.29米,象征着红二十九军,纪念碑后方建有烈士卧碑,镌刻着51名英烈姓名。

(四) 王莽山革命遗址纪念广场

王莽村是陕西省安康市汉滨区茨沟镇下辖的行政村,王莽山是秦岭山脉的一座山峰,位于安康汉滨区、旬阳县和镇安县交界处,海拔1 600多米,是安康汉滨区北部最高的山脉,也是付家河的发源地。汉滨区是鄂豫陕苏区的重要组成部分。茨沟镇是汉滨革命老区之一,陕南抗日第一军发源地。李先念曾率部路过此镇驻军休整,驻地二郎泉庙,草药医生俞道为李先念部队伤病员采药疗伤。1932年10月,贺龙率红三军主力由豫南西进,经白河过王莽到东镇。部队沿汉江经鄂川南下,过巫山,渡长江,12月到达鹤峰县,红军两个月行程7 000里,粉碎了敌人堵截,顺利完成了远征任务。陕南人民抗日第一军何振亚将军于1935年12月至1936年10月,在茨沟境内发动群众,打富济贫,除暴安良,留下了可歌可泣的战斗故事。2017年,由汉滨区老促会牵头,区直相关部门和有关镇办负责组织实施,建成了王莽山革命遗址纪念广场(含王莽山革命遗址纪念碑)。

（五）陕南人民抗日第一军纪念碑

汉阴是陕南抗日第一军诞生的摇篮，是土地革命战争时期由中共西北特别支部命名并派人领导，于1936年8月13日正式成立的一支人民军队。1937年初，这支武装已经发展到千余人，奉命离开陕南，进驻甘肃庆阳驿马关，编为红十五军团警卫团，七七事变爆发后东渡黄河，开赴抗日前线，在震惊中外的平型关大战中英勇杀敌。此后，这支部队历经抗日战争、解放战争和抗美援朝战争，在我党、我军的革命斗争史上写下了辉煌壮丽的一页。

纪念碑建在安康市汉阴县龙岗生态公园，汉阴县人民政府于2010年动工修建，纪念碑和浮雕于2011年清明节前正式竣工，现已成为当地人民群众及青少年缅怀先烈开展党史教育活动的重要场所。汉阴县陕南人民抗日第一军纪念碑被中共安康市委党史研究室正式命名为党史教育基地。

（六）陕南抗日第一军成立纪念广场

陕南人民抗日第一军成立地纪念碑、纪念广场于2014年8月13日在安康汉滨区紫荆镇建成。纪念碑和纪念广场以展现陕南人民抗日第一军先进事迹和战斗历程为主。第一军是土地革命战争时期，由中共西北特别支部命名并派人领导成立的一支人民军队。陕南人民抗日第一军的诞生，是中国共产党的抗日民族统战线在安康的成功典范。纪念广场总占地面积4 200平方米，纪念碑碑体高15米。该广场以陕南人民抗日第一军的先进事迹和主要活动区域为主，直观再现了陕南人民抗日第一军的光辉事迹，碑身记录着李先念等老一辈革命家的题词和陕南第一军发起人的英名，防护墙浮雕展现革命战斗历史、突出革命英雄主义精神，旁边还有饮水思源、勿忘老区的纪念亭。

(七) 张文津、吴祖贻、毛楚雄烈士纪念碑

三烈士纪念碑位于宁陕县江口回族镇江镇村周家坪，是省级爱国主义教育基地。1946年6月内战爆发，人民解放军中原部队奉命突围，转战至陕南地区。王震率部攻克秦岭南麓镇安。为表我和平诚意，以揭国民党之内战阴谋，张文津、吴祖贻、毛楚雄三人奉命代表中原军区，前往西安与胡宗南谈判。是年8月7日，向导带路，一行四人自镇安杨泗庙出发，至同月10日，行至江口。时国民党胡宗南部六十一师一八一团驻守江口，得知谈判代表抵达，假意逢迎，实则扣押，并奉命就地秘密处决。张文津、吴祖贻、毛楚雄面对凶恶的敌人坚强不屈，大义凛然，同敌人进行了针锋相对的斗争，表现了共产党人维护和平、追求真理的凛然正气和坚持正义、视死如归的大无畏英雄主义气概。

三位烈士牺牲之后，原胡宗南部六十一师一八一团少校指导员韩清雅，被我人民解放军抓捕归案，通过审讯，他对接到胡宗南的指示，残忍地杀害了张文津、吴祖贻、毛楚雄三位烈士的事实供认不讳，后被枪决。张文津、吴祖贻、毛楚雄三位革命烈士为了揭穿国民党反动派欺世盗名的丑恶嘴脸，慷慨赴国难，方显志士心，他们义无反顾地踏上了西去的荆棘之路，献出了年轻的生命。三烈士的遇难经过，直到1984年12月4日才调查清楚。找到烈士遗骨后，安葬在江口中学后山坡上。

1986年8月，宁陕县委、县政府举办"纪念张文津、吴祖贻、毛楚雄三烈士牺牲四十周年活动"。8月9日召开了烈士亲属、烈士家乡代表、安康及商洛地委有关部门负责人参加的座谈会。8月10日，在江口中学操场召开纪念大会。县委、县政府决定在江口

将烈士遗骨重新安葬,建立烈士陵园,立碑纪念。1987年6月,三烈士陵园动工修建,陵园坐落在江口下街洵河与江河交汇处对面的周家坪吊楼堡上,与江口街隔河相望,陵园长74米,宽26米,总面积1 924平方米。陵园由阶梯、纪念碑、花坛、五角亭、喷泉池、烈士墓组成,四周为汉白玉栏杆,整个陵园庄严肃穆,松柏挺立,花木沁香。

三烈士为中国人民的解放事业鞠躬尽瘁,死而后已。

(八)商洛市烈士陵园(包括烈士纪念碑)

烈士陵园是陕西省爱国主义教育基地。陵园建于1953年,坐落于商洛市商州城北金凤山腰,占地约34亩。园内主要建筑物包括烈士纪念碑、烈士纪念馆、唐澍烈士纪念亭、烈士墓区和骨灰堂等。园内安葬有27名革命烈士,其中著名烈士有原西北工农革命军总司令唐澍、原中共商洛工委书记王柏栋、原豫鄂陕军区第二分区司令员巩德芳等。1984年4月,为了加强对烈士陵园的管理,成立了商洛地区烈士陵园管理所。1988年5月,陵园被省政府确定为"陕西省重点烈士纪念建筑物保护单位",2004年先后被省委、省政府授了"爱国主义教育基地"和"国防教育基地",同时被省党史部门确定为党史教育基地,2015年被市委、市政府、军分区命名为"爱国拥军模范单位"。商洛市烈士陵园自成立以来,在保护烈士纪念建筑物、收集整理烈士史料、弘扬烈士精神,以及对广大干部群众特别是青少年进行革命传统教育和爱国主义教育方面发挥了重要作用。

党的十八大以来,习近平总书记在地方考察时遍访革命故地、红色热土,反复叮嘱要用好红色资源、传承好红色基因。

第六章　陕西红色文化资源融入高校思想政治教育的必要性与可行性

红色文化资源是中国共产党在新民主主义革命和社会主义革命时期及建设、改革开放实践中所形成的具有资政育人意义的历史遗存，是以物质形态和精神形态表现出来的文化资源。习近平总书记指出："要把红色资源利用好、把红色传统发扬好、把红色基因传承好。"[①] 红色文化资源见证了新民主主义革命的伟大成就、社会主义革命和建设的伟大成就、改革开放和社会主义现代化建设的伟大成就、新时代中国特色社会主义的伟大成就，彰显出共产党人崇高的理想、坚定的信念、不惧生死的高尚品德，是伟大的民族精神和时代精神的生动体现，对于高校思想政治教育而言，是最经典又生动的活教材、活榜样、活标本。红色文化资源作为中国特色社会主义文化的重要组成部分，是实现中华民族伟大复兴中国梦的强大精神动力，红色文化资源作为红色文化的载体，是高校思想政治教育的重要资源。红色文化资源与高校思想政治教育之间，具有高度内在契合性，二者相融合，有相关理论基础为支撑，能为高校思想政治教育提供宝贵的实践佐证和正确的价值导向。

---

① 习近平. 在视察南京军区时的讲话 [N]. 人民日报，2014-12-16（1）.

第六章　陕西红色文化资源融入高校思想政治教育的必要性与可行性

第一节　陕西红色文化资源融入高校思想政治理论教育的必要性

红色文化资源融入高校思想政治教育除了学理基础的支撑，亦有着强烈的现实需要。一方面经济社会的高速发展对高校思想政治教育提出了新要求，另一方面高校思想政治教育也需要破除时代困境，同时这也是红色文化资源与高校思想政治教育共生发展的新趋势。高校思想政治教育肩负培养担当民族复兴大任时代新人的重任，需要红色文化资源的融入更好发挥育人效果。

一、顺应新时代国家发展及面临深刻变化的需要

中国特色社会主义进入了新时代，新时代对高校思想政治教育提出了新要求，2019 年 3 月，习近平总书记在学校思想政治理论课教师座谈会上指出："我们党带领人民在革命、建设、改革过程中锻造的革命文化和社会主义先进文化，为思政课建设提供了深厚力量。"[①] 由此可见，红色文化资源为高校思想政治教育提供了深厚力量，红色文化资源融入高校思想政治教育符合国内外形势发展和思想政治教育的需要，是时代需要下的必然趋势。

（一）办好中国特色社会主义大学的需要

中国特色社会主义高校是扎根中国大地、由中国共产党领导、培育担当中华民族伟大复兴的时代新人的高校。2019 年 3 月，

---

① 习近平在学校思想政治理论课教师座谈会上的讲话 [N]．人民日报，2019-03-19．

习近平总书记在学校思想政治理论课教师座谈会上指出："新时代贯彻党的教育方针，要坚持马克思主义指导地位，贯彻新时代中国特色社会主义思想，坚持社会主义办学方向，落实立德树人的根本任务，坚持教育为人民服务、为中国共产党治国理政服务、为巩固和发展中国特色社会主义制度服务、为改革开放和社会主义现代化建设服务。"① 社会主义高校姓"社"，建设中国特色社会主义高校，就要深入挖掘开发红色文化资源，根据时代的进步赋予红色文化资源新的内涵，突出红色文化资源的重要意义。将红色文化资源融入高校思想政治教育中，用艰苦奋斗的革命文化引导广大师生牢记幸福生活来之不易，用筚路蓝缕的革命精神培育广大师生继续实干兴邦，用崇高伟大的革命理想教育广大师生坚定共产主义理想信念。

（二）面对世界百年未有之大变局的需要

习近平总书记提出，世界处于百年未有之大变局。大变局体现为国际体系与世界力量对比的"东升西降""新升老降"。西方主导权与美国霸权难以为继；全球治理的"中进美退"，中国坚持推动构建"人类命运共同体"；中外互动错综复杂，中美博弈尤为激烈；新科技革命（AI 等）突飞猛进，深刻重塑人类社会。② 面对波云诡谲的国际形势和国内深化改革的双重压力，意识形态安全是防范"和平演变"的重点。而高校作为意识形态的前沿阵地，对国家意识形态安全的维护具有重大作用。面对百年未有之大变局中意识形

---

① 习近平在学校思想政治理论课教师座谈会上的讲话［N］. 人民日报，2019-03-19.

② 陈向阳.【学习有理】百年未有大变局与得道多助新王道——习近平外交思想对中华传统战略文化的返本开新［EB/OL］. http://guoqing.china.com.cn/2019zgxg/2019-01/24/content_74405787.html? f=pad&a=true.

第六章　陕西红色文化资源融入高校思想政治教育的必要性与可行性

态的严峻斗争形势，将红色文化资源融入高校思想政治教育，帮助学生在思想信仰方面树立和坚定马克思主义信仰，文化上培育和践行社会主义核心价值观，政治上巩固中国共产党在意识形态领域的领导权，抵制西方意识形态的渗透。因此，将红色文化资源融入高校思想政治教育是十分必要的。

二、做好新时代高校思想政治教育的需要

信息时代的到来给高校思想政治教育带来了新困难。"00后"大学生是"互联网的原住民"，通过移动互联网接收多元化的信息，导致他们在形成世界观、人生观、价值观的过程中出现偏差。为了更好地引导"00后"大学生，红色文化资源融入高校思想政治教育可以夯实主流思想，为学生扣好人生的第一粒纽扣。

（一）实现立德树人根本任务的需要

国无德不兴，人无德不立。习近平总书记指出，我国高等教育肩负着培养德、智、体、美、劳全面发展的社会主义事业建设者和接班人的重大任务，必须坚持正确政治方向。高校立身之本在于立德树人，[1] 高校的根本任务和历史使命也是立德树人。红色文化资源是党史学习教育的重要历史资源，用党史教育青年，用革命精神涤荡年轻心灵，将红色基因融入青春血脉，有助于青年从党史中汲取智慧和力量，厚植爱国爱党情怀，辨清前行方向，明确使命担当，将党的事业的接力棒一代一代传下去。

红色文化资源包括人、物、事、魂等方面的内涵。红船精神、

---

[1] 习近平　在全国高校思想政治工作会议上的讲话［N］.人民日报，2016-12-9（01）.

井冈山精神、长征精神、延安精神、西柏坡精神、伟大建党精神等红色精神，博大精深，既有共性又有个性。这些红色精神的内涵，对于丰富高校思想政治教育资源，创新思想政治理论课教学，推进思想政治理论课教学课程改革，都具有重要意义。因此，将红色文化资源融入高校思想政治教育，用红色筑牢立德树人之魂，用红色夯实立德树人之本，用红色拓展立德树人之道，从而实现高校立德树人之目标。

（二）培养担当复兴大任时代新人的需要

教育的使命是教育的价值取向，使命的教育是教育的责任担当。2017年10月18日，习近平总书记在党的十九大报告中提出"培养担当民族复兴大任的时代新人"的新要求，同时明确强调："要以培养担当民族复兴大任的时代新人为着眼点，强化教育引导、实践养成、制度保障……"这一重要思想观点，深刻回答了党在新时代"培养什么样的人、如何培养人、为谁培养人"等根本问题，为新时代中国特色社会主义的人才培养指明了方向。时代新人应具有良好的品德修养，做到明大德、守公德、严私德，成为品行端正、素质优良的栋梁之材。

红色文化资源是中国共产党在领导中国革命、建设、改革开放和实现"中国梦"的伟大实践中孕育、积淀形成的一系列优秀传统的理性升华，是新时代攻坚克难、不断走向胜利的精神动力，是衔接历史、现实和未来，确保党的事业薪火相传的精神脐带。彰显了共产党人的马克思主义信仰、深厚的爱国主义情怀和拯救国家民族的担当意识，是"培养担当民族复兴大任的时代新人"最宝贵的资源。

(三) 培育和践行社会主义核心价值观的需要

习近平总书记指出,青年的价值取向决定了未来整个社会的价值取向,而青年又处在价值观形成和确立时期,抓好这一时期的价值观养成十分重要。青年要从现在做起、从自己做起,使社会主义核心价值观成为自己的基本遵循。① 培育大学生社会主义核心价值观是高校思想政治教育的重要内容。通过社会主义核心价值观教育,加强对大学生的思想引领,培养中国特色社会主义合格建设者和可靠接班人,这是新时代赋予高校思想政治教育的责任和使命。红色文化资源承载着丰富的爱国主义、革命精神、时代精神以及中华民族生生不息的精神密码,也是中华优秀传统文化的内核,有助于大学生走进历史现场,在潜移默化中使大学生受到教育和熏陶,是推动高校培育和践行社会主义核心价值观的宝贵财富。红色文化资源蕴含着崇高的理想信念,无悔的坚定信仰、丰富的革命精神和高尚的人格魅力,与社会主义核心价值观一脉相通,对大学生社会主义核心价值观教育具有重要作用。

三、陕西红色文化资源与思想政治教育相互促进的需要

中国特色高等教育要培养德、智、体、美、劳全面发展的社会主义建设者和接班人。育人的根本在于立德,要把立德树人的成效作为检验学校一切工作的根本标准。② 立德树人是高等教育的根本任务。立德树人要遵循"育人为本、德育为先"的要求,培养德、

---

① 习近平.青年要自觉践行社会主义核心价值观——在北京大学师生座谈会上的讲话 [N]. 人民日报,2014-05-05 (02).

② 习近平. 在北京大学师生座谈会上的讲话 [N]. 人民日报,2018-05-3 (02).

智、体、美、劳全面发展的社会主义建设者和接班人。"德"是根基，立德首先要在坚定理想信念、厚植爱国情怀上下功夫，这就需要文化的浸润和熏陶，而红色文化资源是立德树人的重要支点。红色文化资源与高校思想政治教育关系密切，二者相互作用、相互促进。

（一）红色文化资源促进高校思想政治教育的发展

一方面，以革命精神、革命文化、革命理论为代表的红色文化资源鲜活了思想政治教育的内容。红色文化资源在不同的发展阶段里，先后形成了赤诚的爱国主义精神、不屈不挠的革命精神、奋勇争先的建设精神、推进改革的创新精神，这些精神一直是推动党和国家事业不断发展、进步的内在动力，是高校思想政治教育不可或缺的重要内容。这些精神中所蕴含的无数革命先辈舍生取义的奋斗历程和感人事迹等内容，拓展了高校思想政治教育的资源，丰富了高校思想政治教育的素材，对开展思想政治教育具有榜样示范和激励作用。另一方面，以革命遗址、革命纪念（场）馆、红色影视、红色艺术作品为代表的红色文化资源丰富了思想政治教育载体，创新了思想政治教育方法。红色旅游、线下参观、新媒体等手段创新了开展思想政治教育的新方式。而纪念馆、纪念地、领袖故居、烈士陵园、文艺作品则为思想政治教育提供了多种类型的物质载体。我们现在处于一个新时代，新时代所带来的一切美好生活，都是无数的革命先烈用生命和鲜血换来的，是他们在千钧一发的时刻舍生忘死去与敌人战斗，更是他们在烈火与热血中抛头颅洒热血为我们创造了今天的美好。可见，红色文化资源实现了高校思想政治教育面向全体学生。

（二）高校思想政治教育激发红色文化资源的开发利用

任何一个国家的统治阶级为了维护其经济利益和巩固自身统治，都需要通过各种形式的思想政治教育活动来宣扬符合统治阶级的思想观点、道德规范、价值观念，从而有目的、有计划、有组织地影响社会成员，从思想和行为上进行教育、引导，使其成为合乎社会发展要求的社会群体。从这个意义上讲，一方面，红色文化资源与中国革命历史实践相结合的特殊性决定了它具有政治主导性、民族传承性、客观真理性与思想政治教育的内容相吻合，形式相契合，实践相融合。大学是培养人才的地方，肩负着意识形态灌输的重任。红色文化资源是高校意识形态教育的核心内容，是中国特色社会主义文化的本质体现。因此，高校思想政治教育活动的开展是促进红色文化资源开发利用的动力。另一方面，高校思想政治教育活动是促进红色文化资源社会效益、政治效益、经济效益的重要推手。红色文化资源的物质载体是革命精神的物化体现，在高校思想政治教育中有很强的说服力。因此，让学生走出校园，感受社会、感受大自然，促进学生将书本知识和生活经验深度融合的红色旅游活动，是研究性学习和旅行体验相结合的一种校外实践教育活动。2011年3月，习近平总书记在湖南韶山调研时指出："每一个红色旅游景点都是一个常学常新的生动课堂，蕴含着丰富的政治智慧和道德滋养。"[①] 蕴含深刻精神内涵，承载重要党史、国史文化的红色文化资源的开发利用显得尤为重要。基于实现思想政治教育价值的目的，改善红色文化资源的生存状态、提炼红色文化资源精神内涵、切实传承保护红色文化资源都是引导红色文化资源开发利用方

---

① 习近平. 不能失去红色旅游的底色［EB/OL］. http://news.cctv.com/2016/07/23/ARTIEO5lVEhgXqA3cdoLefMt160723.shtml.

向和力度的重要保证。

第二节 陕西红色文化资源融入高校思想政治教育的可行性

陕西红色文化资源承载着极为厚重的中华民族文化内涵，凝聚着中国共产党人艰苦奋斗、一心为民、牺牲奉献、自强不息、开拓进取的伟大品格，汇集着陕西人民坚定不移革命建设、改革发展、追赶超越的信心，是重要的资政育人资源。陕西红色文化资源融入高校思想政治教育有价值上的统一性、方法上的相通性、原则上的一致性，具备融入的可行性。

（一）陕西红色文化资源与高校思想政治教育彰显的价值统一

陕西红色文化资源作为红色文化资源的重要组成部分，从逻辑学的角度而言，整体具有的性质，部分同样具备，因此陕西红色文化资源同样具备红色文化资源应有的价值。当前，面对百年未有之大变局、百年未遇之大疫情、从第一个百年目标向第二个百年目标"转段"的交汇期，运用红色文化资源开展高校思想政治教育，可以增强大学生对社会主义的高度认同感。

1. 红色文化资源是坚定理想信念的生动教材

革命理想高于天。理想信念之火一经点燃，就永远不会熄灭。廖乾五是中国共产党早期的优秀政治、军事干部，从1922年加入中国共产党到1930年牺牲，八年的日日夜夜，廖乾五凭着坚定的理想信念，无论是在铁甲车队还是在北伐战争时担任党代表兼政治部主任,抑或最后被派往湖南长沙搞地下党活动和策划敌军内部起义工作,始终是知难而上、坚定信念、战斗到生命最后一刻。在思想政治教育中运用红色文化资源,就是要用坚定的革命理想感召青年学生,教育引导学生牢固树立马克思主义信仰,正确解决人生道路上的挫折与困难,正确面对金钱利益的诱惑,不忘赤子之心,以更加成熟的姿态、自信的气度肩负起时代赋予的重任。心有所信,方能行远。面向未来,走好新时代的长征路,我们更需要坚定理想信念、矢志拼搏奋斗。①

2. 红色文化资源是进行爱国主义教育最好的教材

在革命炮火中锻造的红色文化资源凝聚着无数中华儿女的爱国热情,为了民族的独立,为了国家的富强,一批批革命志士前仆后继,抛头颅、洒热血,倾尽毕生心血只为爱国。生活在和平年代的青年学生,距离艰苦奋斗的革命历史已经越来越远,很难体味到革命先辈对祖国的那种情感,但他们不能忘记也不应该忘记革命前辈的牺牲和奉献,正是有先烈的大公无私,才有今天的幸福生活。红色文化资源融入思想政治教育,就是要进行爱国主义教育,讲授党和人民英勇奋斗的光荣历史,讲授中国革命的伟大历程和感人事迹。在革命遗址遗迹进行现场教学,在庄严肃穆的纪念碑前进行入党入团宣誓,在数据翔实的博物馆中明晰历史,增强大学生的爱国主义热情,挖掘青年学生隐藏在内心深处的真实情感,追求伟大的爱国主义情怀。

3. 红色文化资源是推进核心价值观教育的有效载体

红色文化资源与社会主义核心价值观内容相通,在思想政治教

---

① 习近平给复旦大学青年师生党员回信[EB/OL]. https://baijiahao.baidu.com/s?id=1670889031247138151&wfr=spider&for=pc.

育中融入红色文化资源,能为思想政治教育注入新鲜血液,因为新鲜的事物总能唤起个体更高更集中的注意力,通过创新传播形式和沟通策略,开展喜闻乐见的传播活动,实现社会主义核心价值观培育的重复性与新颖性的统一。同时,红色文化资源中感人至深的革命故事、催人泪下的英雄精神、震撼心灵的烈士陵园等内容,有效地增强了社会主义核心价值观的情感认同。从心灵上接受和认可,才能使核心价值观行之久远、传之广远,才能被青年学生接受并付诸行动,才能增强社会凝聚力、筑牢社会亲和力。另外,利用重大节庆日,将优秀传统文化与红色传奇经典结合,采用活泼多样、图文并茂、动静结合的红色文化资源,能丰富社会主义核心价值观较为单一的传播方式,使核心价值观的教育具备可以确切感知的日常具体形态,让核心价值观更加生活化和日常化。

(二)陕西红色文化资源与高校思想政治教育运用的方法相通

高校思想政治教育要想取得预定的效果,在重视思想政治教育基本内容的同时,要关注开展思想政治教育的方式方法。仔细研究陕西红色文化资源的形成发展过程,发现红色文化资源中彰显说理教育法、以身作则法、文艺熏陶法等内容。

1. 二者都彰显了说理教育的方法

说理教育法就是教育者通过摆事实、讲道理,以理服人的方法,基本精神是针对群众中的具体思想认识问题,运用革命道理进行正面教育,提高认识、启发自觉、以求进步。在南征和北伐中廖乾五首先通过思想政治教育在军队建立革命纪律,要求军队所到之处做到"三个不",即不拉夫、不筹饷、不扰民,军官必须提升个人素质,做到"六个不",即不嫖、不赌、不酗酒、不抽鸦片、不打骂士兵、不克扣军饷。① 同时宣传群众、教育群众、鼓动群众投身革命,支持革命军队,并使革命军队与民众相结合,成为人民的武装。廖乾五率领铁甲车队到广宁支援农民运动时,领导农民协会、铁甲车队做了许多地方工作,如编辑出版《广宁日刊》②,向广大群众宣传革命道理。平时铁甲车队派出一部分队员组成宣传队到附近各乡进行宣传工作,到群众家中串门,帮助群众做事情,了解群众生活情况和农村阶级压迫情况。革命军对老百姓的爱护,激发了人民的拥军热情。许多百姓为军队带路、送信、送水送饭、救护运送伤员甚至直接参战,形成了军为民、民拥军、共同战斗的团结局面,进一步激发了官兵的战斗热情,缩短了战斗时间。③ 营造了军爱民、民拥军,水乳交融"一家亲"的浓厚双拥氛围,畅通了思想,实现了认识的升华。

2. 二者都彰显了以身作则的方法

以身作则是指广大红军战士通过反映时代精神、代表共产主义风格的自身实际行为,给人民群众做出榜样、树立典范,从而教育群众、鼓舞群众、影响群众、改变群众,起到激发人民群众奋发上进的积极效果。红军战士的实际行动,是思想政治教育最贴近实际、深入群众的有效方法。从1935年10月到1937年春,红二十五军七十四师在陕南开展游击战争,创建革命根据地,建立地方苏维埃政权。其间利用田间地头组织农民举办培训班、夜校、识字

---

① 中共陕西省委党史研究室,中共安康地委党史研究室. 廖乾五 [M]. 西安:陕西人民出版社,1996:2.
② 中共陕西省委党史研究室,中共安康地委党史研究室. 廖乾五 [M]. 西安:陕西人民出版社,1996:12.
③ 李行知. 廖乾五 [EB/OL]. http://www.81.cn/yljnt/2013-10/30/content_5623868.htm.

班；红军每到一处，刷写革命标语、发传单、唱歌谣，宣传中国共产党和红军主张。热情地帮助乡亲们收割庄稼、砍柴、挑水，让群众在实践中受到感召，继而辅助其对思想政治教育的主要内容有更深刻的认识和理解。当年的秦巴山区缺医少药，一位名叫高中宽的红军指导员通晓医术，经常为当地的穷人治病疗伤，被百姓们称为"神医"。红军指战员驻扎在旬阳，在巩固和发展旬阳苏区的过程中访贫问苦，有"神医""医官"之称的指导员高中宽，为百姓行医治病，排忧解难，用祖传医术为群众治好了疾病，包括许多疑难杂症。现在旬阳县红军纪念馆内雕塑的"军民鱼水情"就深刻体现了红军们和乡亲父老之间难分难舍的情谊，红军通过自身的严格要求、典型示范，以身作则地向人民群众灌输了党的各项政策，使人民群众对这支纪律严明的军队充满敬佩和感激。

3. 二者都彰显了文艺熏陶的方法

文艺熏陶法是寓教育于娱乐之中的方法，通过文学艺术的特殊手段，以情感人、潜移默化、逐渐渗透，使人们净化心灵、启迪智慧、情智互补，既得到欣赏美的体验又收获思想上的升华，在润物细无声中接受教育。为寻求文艺工作更好地服务于全党工作的方法，在全党整风运动期间，文艺界也进行了轰轰烈烈的整风运动，召开了具有历史意义的延安文艺座谈会，制定了党领导文艺界的纲领性文件——《在延安文艺座谈会上的讲话》。从此，延安文艺运动有了成熟的理论、政策作指导，延安文艺进入了一个全新的发展时期。延安时期的革命文艺活动及其文学艺术成就，是民族觉醒的号角，是时代精神的火炬，是中华民族文化的丰碑。延安时期的文艺社团有中国文艺协会、陕甘宁边区文化界救亡协会、陕甘宁边区音乐界救亡协会、陕甘宁边区美术工作者协会、中华戏剧界抗敌协会边区分会、中华全国文艺界抗敌协会延安分会、鲁迅艺术学院、陕甘宁边区民众剧团、西北文艺工作团、延安青年艺术剧院、延安电影团、鲁迅研究会、中国民间音乐研究会、抗大文艺工作团、延安文化俱乐部①等，为响应毛泽东"走出小鲁艺，到大鲁艺去"的号召，鲁艺的文艺工作者开展了轰轰烈烈的新秧歌运动。这些生动鲜明、通俗易懂的艺术宣传节目，符合人民群众的文化教育水平，能帮助他们深化思想理论认识水平，提高精神境界，并且能够获得持久悠长的记忆。

（三）陕西红色文化资源与高校思想政治教育体现的原则一致

高校思想政治教育要理论联系实际，要坚持群众路线，要用马克思主义的立场观点分析问题解决问题。无论是党中央在延安的13年，还是南泥湾大生产运动中，都体现着理论联系实际、全心全意为人民服务的原则。

1. 理论联系实际的基本原则

在延安时期，毛泽东同志等老一辈革命家坚持实事求是、一切从实际出发，勇于探索，勇于实践，大胆创新，为我们树立了光辉的榜样。1941年6月3日下午，陕甘宁边区政府正在召开县长联席会议，讨论征粮问题。天正下着大雨，突然，一道闪电划过，会议室遭到雷击，延川县代县长李彩云被雷击死。这事一传十、十传百，很快传遍了边区。一位农民的一头驴恰好也死于雷击，他借机发泄不满，逢人便说，老天爷不睁眼，咋不劈死毛泽东？这件事引起了毛泽东同志深深地思考：一个农民为什么会这样恨我？它到底反映了我们工作中的

---

① 【纪念5·23特别报道】延安时期文艺简中［EB/OL］. http://www.yanewe.cn/2019/0523/61466_2.shtml? spm=0.0.0.0.c8CfMZ&file=61466_2.shtml.

什么问题？毛泽东同志决心要调查一番。调查的结果和粮食有关。陕甘宁边区本来就地广人稀，土地贫瘠，出产不多，征收的公粮成倍增加，群众负担太重，自然就引起不满情绪。农民不满的原因调查清楚了，办法自然也就有了。其一就是进行大生产运动。其实，在雷击事件以前，三五九旅在王震带领下已经开进南泥湾进行垦荒，自力更生地解决吃穿用的问题。经过这一事件，党中央决定将大生产运动推广到整个边区去，推广到各行各业。其二就是实施李鼎铭提出来的"精兵简政"的主张。这两项举措简而言之，就是既开源又节流。"艰难困苦，玉汝于成。"经过两三年的艰苦奋斗，边区各部门的经费自给率已达到一半以上，取之于己的部分已超过取之于民的部分。对此毛泽东同志说："这是中国历史上从来未有的奇迹，这是我们不可征服的物质基础。"边区的财政渡过了难关，农民负担过重的问题也得到了解决。再没有人骂娘了，不仅如此，边区的农民还用陕北民歌的老调调唱出填了新词的《东方红》。①

坚持一切从实际出发的原则，在遵循思想政治教育的基本原理和原则的基础上，有目的、有成效地提出了思想政治教育必须深入开展调查，并根据调查的实际结果开展工作的结论。

2. 坚持群众路线的基本原则

红色文化资源中蕴含着"江山就是人民、人民就是江山"和以人为本的思想。当革命事业处于水深火热之中时，是无数的人民群众救下了革命英雄，以自身行动甚至生命支持了革命事业，革命事业才能以此为继。广大红军战士的实际行动，是思想政治教育最贴近实际、深入群众的有效方法。延安时期，人民军队在陕北地区以马克思主义理论为指导，根据不同地域的特点，始终把人民群众的

---

① 刘明钢，金敏求．一切从实际出发的延安故事［J］．文史月刊，2009（11）：12-13．

利益放在首要位置，制定具有地域特色的政策、纪律、条例。针对当时陕甘宁边区的某些工作人员轻视群众物质利益的思想和做法，毛泽东同志在《经济问题与财政问题》报告中强调："一切空话都是无用的，必须给人民以看得见的物质福利。"在这一思想指引下，边区开展了大生产运动，实行精兵简政政策，使经济得以发展，民生得以改善，人民群众发自内心地歌颂党和党的领袖，唱出了《东方红》《绣金匾》，送来了"人民救星"的牌匾。毛泽东同志在延安说过："党群关系好比鱼水关系，共产党是鱼，老百姓是水；水里可以没有鱼，鱼可是永远也离不开水啊。"① 延安时期坚持党的群众路线，创造了辉煌，成就了伟业。

---

① 中共中央关于领导方法的决定［J］.红色档案故事，1943.

第七章　陕西红色文化资源融入高校思想政治教育现状

教育兴则人才兴，教育强则国家强。党的十八大以来，以习近平同志为核心的党中央高度重视高校思想政治工作，并发表了一系列重要论述。同时，习近平总书记多次实地缅怀革命先烈、参观纪念场馆，并强调，"讲好党的故事、革命的故事、根据地的故事、英雄和烈士的故事，加强革命传统教育、爱国主义教育、青少年思想道德教育，把红色基因传承好，确保红色江山永不变色"。[①] 陕西省红色文化资源涵盖了中国革命的各个时期，数量多、分布广、影响大，将其融入高校思想政治教育的全过程不仅有助于增强思想政治教育的实效性，还有助于形成具有地方特色的大学文化。

第一节　陕西红色文化资源融入高校思想政治教育取得的成效

一、高校重视红色文化资源融入思想政治教育的程度不断加深

红色文化资源作为新时代高校开展思想政治教育工作的重要内容，是历史的积淀，是我党的财富，更是特定区域源远流长、传承

---

① 万银峰. 讲好红色故事　坚定理想信念［N］. 河南日报，2019-09-30（32）.

至今的特色文化内涵。陕西红色文化资源为高校思想政治教育提供了丰富而生动的教育资源，高校重视红色文化资源融入思想政治教育的程度不断加深。

（一）多所高校成立高质量研究中心

为促进陕西红色文化资源进教材、进课堂、进头脑，以习近平新时代中国特色社会主义思想为指引，延安大学、西安交通大学、西安电子科技大学、西安工业大学、西安美术学院、陕西学前师范学院、榆林学院等高校，在将红色文化资源优势转化为教育教学优势方面都有各自特色。2013年6月，延安大学中国共产党革命精神与文化资源研究中心成立，该研究中心是由教育部、中央党史研究室联合设立的教育部人文社会科学重点研究基地。延安大学校长张金锁教授担任研究中心主任，《求是》杂志社社长李捷担任学术委员会主任。研究中心的成立，极大地促进了众多高校对陕西红色文化资源的研究，为红色文化资源更好地融入高校思想政治教育提供了便捷平台。与此同时，西安交通大学成立西北革命史研究中心、西安电子科技大学成立红色文化研究中心、西安工业大学成立渭河流域红色资源研究中心、陕西学前师范学院成立陕西红色文化研究所、西安培华学院成立红色文化研究会、榆林学院成立红色文化研究中心，等等。

（二）依托研究中心展开深入研究

上述院校创建了广阔的学科平台学习、研究红色文化资源，特别是延安大学在延安精神方面的研究中获得了一批成果，如延安大学省级重点研究基地中共党史与延安学研究中心，两个省级重点学科中共党史和延安学，共申报成功延安十三年和延安精神国家社科基金课题 10 余项，出版有关专著 20 部，延安精神方面的成果近千万字，学术和理论水平处在全国前列，其研究成果多次被党和国家领导人及理论界广泛采纳和引用。① 与此同时，延安大学把学习贯彻习近平总书记重要批示精神，同贯彻落实党的十九大精神和全国高校思想政治工作会议精神紧密结合起来，以立德树人为根本，把延安精神作为立校之本、育人之魂，努力探索依托革命文化、红色资源开展师生思想政治教育的创新之路。一是牢记初心使命，把延安精神贯穿于教书育人主阵地；二是传承红色基因，把延安精神融入实践育人主战场；三是勇于改革创新，把延安精神体现在办学治校全过程。② 学生中开设《延安精神概论》《党中央在延安十三年》等课程，编写《延安精神简要读本和实践案例》《延安精神现场实践教学读本》等教材讲义；创新第二课堂，探索"互联网＋延安精神"教育模式，开发"小红专"思政微课平台，把培养具有延安精神特质人才要求作为人才培养的重要目标。

（三）借助网络平台传播红色文化资源

西安美术学院"一画一课"公众号，立足西安美术学院特有的红色美术资源，寓美于教、融美于学、以美育人，从美术类大学生最感兴趣的艺术作品出发，通过解读红色经典美术作品开掘学生的学习潜力和内在动力，让学生在学习和赏析一幅幅红色经典作品中了解历史、了解时代、了解国情，体悟作品背后的深刻立意和丰富

---

① 郭必选. 弘扬延安精神　奋力追赶超越——陕西大力弘扬延安精神有关问题研究［EB/OL］. http: //www. crt. com. cn/news2007/News/jryw/2020/11/20112493953BB94C1KACB7JB7CBH40F. html.
② 延安大学牢记习近平总书记嘱托　用延安精神凝聚起铸魂育人的强大力量［EB/OL］. http: //www. moe. gov. cn/jyb_sjzl/s3165/201712/t20171220_321986. html.

内涵，在心灵净化和思想升华中增强中国特色社会主义道路、制度、理论和文化的自信。截至 2020 年 12 月 31 日"一画一课"，共推送"延安鲁艺美术家"专辑整整 100 期，这些推送将"红色精神"与美术作品相结合，调动了学生的积极性，使学生树立起科学的观念并将其转化为实践和探索，真正推进"红色育人"的思想理念。榆林学院依托陕北地方红色文化资源，广泛开展红色文化理论研究，精心打造红色社团助力高品质校园文化建设，由榆林学院青年马克思主义理论学社编辑的《沙泉》，由全校学生投稿，从中挑选质量上乘者稿件，目前共出刊 11 期（2020 年 12 月）；《基于中共中央转战陕北红色资源的思政课铸魂育人实践教学体系的探索与构建》获批 2019 年陕西教学成果奖特等奖等丰硕学术成果。由此可见，高校对红色文化资源的高度重视，且将红色教育落到实处。

二、大学生对红色文化教育怀有朴素情感且认同感不断提升

红色文化形成于革命时期，蕴含着自力更生、艰苦奋斗、团结一致等革命精神。这些精神不仅是革命时期所需要的，也是新时代大学生需要具备的优秀品质。同时，红色文化是对大学生进行理想信念教育、革命传统教育和爱国主义教育的鲜活素材。大学生是中国特色社会主义事业的建设者和接班人，他们出生在经济快速发展、物质生活水平不断提升的 21 世纪的社会主义中国，仍然希望学习了解感悟红色文化，接受红色教育。根据大学生对高校红色文化及其教育认同的调查问卷统计结果可知：绝大多数大学生认为必须继承弘扬红色文化、接受红色教育。伴随着红色文化的日益繁荣，越来越多的红色纪录片、红色影视片受到大学生的追捧。比如，20 集纪录片《抗美援朝保家卫国》和六集大型纪录片《英雄

儿女》，电影《建党伟业》《建军大业》，电视剧《亮剑》《跨过鸭绿江》等优秀红色影视作品在大学生当中都非常受欢迎。在观看《抗美援朝保家卫国》时，战斗中涌现出了很多战斗英雄，如为了不暴露潜伏目标被大火吞噬的邱少云，用自己的胸膛堵住敌人枪口的黄继光等，大学生们表达了自己对英雄的理解、尊重和崇敬的朴素情感，认为他们既是志愿军的英雄，也是中华民族的英雄，正是他们用血肉之躯，铸成了钢铁长城，他们是当之无愧的英雄。英雄是"民族最闪亮的坐标"，英雄精神是催人奋进的不竭动力。学习英雄、崇尚英雄，有利于大学生形成正确的世界观、人生观、价值观，成为坚定理想信念的中国特色社会主义接班人。

三、教师对红色文化资源融入教育的意识逐步增强

红色文化作为社会主义先进文化的重要组成部分，凝聚着中华民族由危亡走向新生继而迈向辉煌的坚实力量，具有深厚的历史底蕴和丰富的时代价值。教师是人类灵魂的工程师，承担着神圣的历史使命。高校教师应不断加强红色文化研究，深入挖掘红色文化的精神内涵。延安大学积极依托红色文化资源开展现场教学的新思路，将教材的理论性和现场的直观生动性有机结合起来，在推进思想政治理论课实现"两个转变"上走出了一条新路子。"利用延安红色文化资源探索思想政治理论课现场教学方法"入选教育部社科司 2014 年度高校思想政治理论课教学方法改革"择优推广计划"培育项目。[①] 西安美术学院马克思主义学院立足艺术院校实际，扎根本校红色美术资源和艺术资源，遵循思想政治工作规律、教书育

[①] 韩琳，武忠远. 延大思政课：红色第二课堂 [N]. 光明日报，2015-12-14 (14).

人规律和学生成长规律,坚守课堂教学育人主渠道,积极开展形式多样的特色教学活动,不断提高思想政治理论课的针对性、吸引力和亲和力,逐渐形成以"一画一课"为代表的育人特色。这些做法让当代大学生对于红色文化更有认同感,促进红色文化发扬光大。

第二节　陕西红色文化资源融入高校思想政治教育存在的困境

陕西红色文化资源是中国共产党在陕西长期的革命斗争和社会主义建设及改革开放中所积累的一系列宝贵财富,充分利用陕西红色文化资源对高校大学生进行思想政治教育,能拓展高校思想政治教育的新向度,丰富高校思想政治教育的内容和形式,但在教育实践过程中,陕西红色文化资源融入高校思想政治教育存在一些困境。

一、校园红色文化建设中对陕西红色文化资源融入不足

大学校园是高校学生学习、生活的重要场所,所以校园文化建设对于大学生而言尤其重要。尽管红色文化资源融入高校思想政治教育的程度不断加深,然而一些高校在校园文化建设方面未能认识到红色文化资源重要的德育功能,红色文化建设意识比较淡薄,从学校领导到师生都比较缺乏红色文化意识。具体表现在高校大都没有设立专门的红色文化建设机构来组织领导红色文化建设,也没有制定有效的制度来规范红色文化的建设。高校在校园文化建设中,红色文化建设内容甚少,谈不上红色文化建设内容的系统性。校园

"红色广播"少,未能开展红色文化主题教育系列活动,较少邀请红色研究专家作专题讲座、组织红色教育研讨及知识竞赛主题等活动,未能把红色主题教育与弘扬和培育民族精神、加强新时代公民道德建设教育、构建社会主义核心价值体系教育相结合,未能把红色主题教育与日常教育相结合,红色文化建设缺乏长效机制。

二、红色文化教育内容缺乏时代性

在高校红色文化教育中,很多院校在内容上仍以革命年度的素材为主体,局限于无私奉献的精神、吃苦耐劳的品质、艰苦朴素的作风,这些虽是红色文化中的重要内容,但有些陈旧,缺乏时代性,更未能充分展现红色文化的时代特色,缺乏应有的教育新意。同时缺乏有关红色文化内容的课程设置,大学生接受的红色文化教育掺杂在思政课教学中,所接受到的红色文化都是片断的、单一的,未形成完整的红色文化知识体系,因而大学生对红色文化缺少学习的兴趣。

三、红色文化教育形式单一、教育模式僵化

在走访陕西相关高校了解红色文化教育在高校内的开展现状的过程中,了解到现今高校内红色文化教育几乎都是以几门思政课为主,教师的教育教学停留于灌输层面,强调课堂理论教育。在高校从事思政课教学的"90后"教师,他们没有经历艰难困苦的岁月,难以体会红色文化资源蕴含的崇高与辉煌,导致自身对红色文化资源的认识不够、挖掘不深入和不充分。实践教学中只是强行让学生观看革命题材电影或实地参观革命英雄事迹等,无法真正引起他们的共鸣,学生听听就过、看看就忘,导致教学效果不理想。

四、学生对于红色文化认知不清且了解不全面

"00后"大学生成长在一个物质生活比较富裕、社会结构日益多样、精神文化繁杂的和平时代，导致他们对红色文化认知不清。笔者通过问卷调查、访谈等方式对陕西红色文化资源的了解程度与红色文化内容甄别进行调查时，选择完全了解红色文化、红色文化资源、红色教育等概念及内容的低于一半，而且其中大多数人都是文科专业，理工科专业对红色文化完全了解的人数相对少了很多；完全不了解的也占一定的比例。同时也由于高校红色文化教育内容陈旧、模式僵化，导致大学生对红色文化的敏感程度低，参与欲望和积极程度也较低，出现了部分大学生抵制、对红色文化产生敷衍心态。

第三节 陕西红色文化资源融入高校思想政治教育存在困境的原因分析

只有深入剖析陕西红色文化资源融入高校思想政治教育存在困境的原因，才能让红色文化资源融入高校思想政治教育的效果大大提升。

一、陕西红色文化资源融入教育的意识不够

高校校园红色文化育人是红色文化资源融入高校校园文化建设并达成立德树人根本目的的重要途径和有效载体。作为思想政治教育的重地，高校在当前陕西红色文化资源在校园文化建设方面的认识尚不到位。

思想是行动之先导。虽然社会存在决定社会意识,但社会意识对社会存在具有能动的反作用。先进的社会意识对社会发展起着积极的促进作用;落后的社会意识对社会发展起着消极的阻碍作用。[①] 在借助红色文化进行校园文化建设之前,首先必须提升高校领导、全体成员对陕西红色文化资源及高校思想政治教育事业的极端重要性的深刻认识。只有如此,才能推动陕西红色文化资源融入高校思想政治教育事业的顺利进行,才能形成红色文化建设意识强烈和红色文化校园氛围浓厚的状况。对此,深入分析现存困境,从思想上特别是认识上对红色文化资源与思想政治教育的融合问题予以重视,是解决红色文化校园建设意识不强且红色文化氛围不浓的重要方法。

二、高校教师对陕西红色文化资源理论研究深度不足

陕西红色文化资源的物质形态表现为遗迹、遗物、遗址等革命历史遗存与纪念碑、纪念馆、纪念堂等革命纪念场所。陕西红色文化资源的精神形态表现为以"延安精神"为代表的一系列精神。红色遗迹、遗址需要用心呵护,红色精神需要弘扬和传承。要发挥红色文化的力量,需要持续不断地学习、发展红色文化。成功的实践需要正确的理论指导,这就要求有一批专门研究和保护红色文化资源的人才队伍,积极探索研究更深层次的陕西红色文化资源理论,为更好地指导实践做出有益的贡献。目前,高校专门研究红色文化资源的学者并不太多,研究历史还较为短暂,对陕西红色文化资源理论的研究还不够系统、完全、彻底。

---

① 本书编写组.马克思主义基本原理概论[M].北京:高等教育出版社,2018:113.

三、教师运用陕西红色文化资源进行实践教学的程度明显不够

思政课实践教学是区别于传统课堂理论教学的一种教学形式,是相对理论教学而言的一种教学活动。它既是以理论教学为前提和基础,又是理论教学的延伸和补充。[①] 作为课堂理论教学的有益拓展和延伸,实践教学在促进课堂教学内容入脑、入心、入行的过程中,发挥着无可替代的作用。陕西有着非常丰富、独特的红色文化资源,是高校思政课实践教学的"天然宝库"。对于省会城市以外的以教学为主的地方本科院校来说,思政课实践教学多以课堂实践教学、课后实践教学、社会实践教学三种模式存在。

课堂实践教学由于对陕西红色文化资源理论研究深度不足,教师在课堂上引导学生学习红色文化资源时找不到契合点,进而不能联系学生生活实际,对其进行情景带入。课后实践教学中往往是单一地看红色影视剧写观后感这种浅层的、没有深挖精神层面的红色教育。社会实践教学是高校思想政治教育的重要教学手段之一,借助参观实践基地这样的社会实践活动,让学生直观地感受红色文化熏陶,以传播红色文化。陕西、陕南红色文化资源种类丰富,极具教育价值和感染力,对于高校而言是不可或缺的思想政治教育资源。将陕西、陕南红色文化资源科学、合理地运用到实践教学中,让学生在潜移默化中加深对陕西、陕南红色文化的了解,以达到思想政治教育的预期目标。但是根据调查发现,教师运用陕西红色文化资源进行实践教学的程度明显不够。目前,很多教师考虑大批学生走出校门实地参观考察的安全问题及费用问题,很多高校社会实

[①] 纪安玲.地方新建本科院校思政课实践教学模式探究——以安康学院为例[J].学理论,2012(08):219—220.

践教学往往只让少数学生去红色文化资源地参观一下，这种单一的实地参观只是对红色文化资源的表面感知，学生接受的教育不够深刻，而且这种模式最大的弊端是做不到全员参与。

四、学生对陕西红色文化资源了解途径单一

"00后"大学生的成长背景是经济全球化。随着中国经济的快速发展，"00后"具有更优越的物质生活条件，比较注重享受，追求课余生活的丰富性，具有超前的消费观。由于没有经历过物质的匮乏，不了解通过艰苦奋斗实现的富起来，所以他们对于革命前辈们所经历的艰苦岁月不能感同身受。作为移动互联网一代的大学生，在移动互联网的推波助澜下，多元文化、多种思潮在他们面前相互碰撞，他们更重视自我价值和更想追求个体幸福，他们的努力具有强烈的现实主义导向，缺乏一定的理想情怀。同时，"00后"大学生出生在国力日益增强的和平幸福年代，导致大学生没有办法对战争年代红色文化感同身受，学生个体只能在课后通过教师推荐的书籍、电视、电影等间接途径了解。

第八章 陕西红色文化资源融入高校思想政治教育路径

党中央在延安的13年,是中国共产党以毛泽东同志为核心的第一代领导集体思想进一步成熟时期,理论、实践成果最丰硕,如《毛泽东选集》158篇中的112篇都在陕北完成。① 以延安精神、南泥湾精神、照金精神为代表的陕西红色文化资源历史悠久、内涵丰富、形式多样,承载着优秀的华夏文明,见证了中国共产党在陕西由小到大、由弱到强,从低谷走向高峰,最终扭转了中国乾坤的历史,具有深刻的育人价值。因此,挖掘陕西丰富的红色文化资源,利用红色文化资源优势,把它有机融入高校思想政治教育之中,是加强和改进大学生思想政治教育实践的客观需求。

第一节 融入校园文化,发挥环境育人功能

高校应将陕西红色文化纳入校园建设中,增添校园历史文化底蕴,树立"环境育人"观念,营造以红色文化为特色的思想政治教育软环境。

---

① 韦雅莉.陕西本土红色文化融入高校思政课实践教学运行机制创新研究[J].高教学刊,2019(13).

一、积极将红色文化资源融入大学校园文化

建设和谐美好的校园文化,是加强和改进高校思想政治教育要努力实现的一个重要方向。首先,将红色文化资源融入红色社团活动中。红色社团活动是校园文化建设的重要形式和载体,将陕西丰富多彩的红色文化资源用于红色社团活动,如创办"红色之声"广播站,组建"红色艺术团"等形式多样的红色社团活动,再如组织艺术院校美术专业学生,由专业教师与思政课教师共同指导,让学生创作反映地方红色文化资源的美术作品,将优秀作品悬挂在教室、走廊、自习室、餐厅、大礼堂等场所,以此陶冶学生情操、净化学生心灵,润物无声地将红色文化融入思想政治教育。其次,将陕西红色文化资源融入重要节庆日活动中。在节庆日积极开展读红色书籍、讲红色故事、看红色影视等活动,用丰富的理论筑牢思想阵地,用先进的文化提升师生的价值追求,使师生在活动中不断提升自身内涵,激发全体师生爱党、爱国、献身国家的高尚情怀,增强信心,坚定信念,进一步激发师生对党、对国家的热爱之情。通过活动陶冶师生情操,提高爱国主义思想和理想信念。

二、构建红色文化内容体系、夯实红色文化育人体系

将"红色遗址"搬进校园。整合陕北、关中、陕南红色文化资源,为红色文化建设奠定坚实的基础。高校在重大节庆日时应在校园定期举办《陕西革命遗址》图片展览,各院系由辅导员组织学生观看和凝听专职讲解员讲解。通过观看展览和凝听讲解,铭记革命历史、弘扬革命传统、传承红色基因。

将"延安精神"融入校园。"精神"即人们在改造世界的社会实践活动中通过人脑产生的观念,必有其依据及能够使人发挥主观

能动性之处所在。延安精神是中国革命和实践证明的伟大精神，是中国共产党人救亡图存的精神印记和永不变质的精神家园，也是陕西高校特色文化的先天优势。红色文化内容建设应注重将历史与现实相结合，将红色精神和时代精神相结合，将传统展示和现代科技相结合，在丰富主题上下功夫，在挖掘精神内涵上下功夫，在拓展教育功能上下功夫，增强红色文化的感染力。[①] 陕西高校要利用陕西红色历史文化名城的地域优势，以丰富多彩的校园文化活动为载体，让红色文化在学生内心深处生根发芽、落地开花。

第二节　融入教学主渠道，发挥教学主导作用

陕西红色文化是陕西人民在党领导革命和建设中逐渐凝聚、形成的优秀文化，具有时代性、教育性、艺术性与地方性特点，是高校思想政治理论课教学的活教材。因此，将陕西红色文化资源融入思政课教学，需要从以下几方面着手。

一、做好陕西红色文化资源的思政课教学的规划工作

首先，编撰一套系统化的校本红色文化教材。使陕西红色文化走进高校思想政治理论课课堂，不仅可以提高高校思想政治理论课课堂教学质量，而且也有利于大学生坚定马克思主义的理想和信念，以及坚定实现中华民族伟大复兴中国梦的信心。其次，明确红色文化资源融入思政课的基本原则。根据四门思政课的不同目的要

---

① 吴先勇. 高校红色文化建设存在的问题与对策[J]. 广西社会科学，2011(04)：155—157.

求,根据物质层面与精神层面的区分特点,有针对性地发挥红色文化资源的育人功能。在教学过程中,应遵循认识的基本规律,先讲述具体形态的红色物质类资源,再升华提高到对精神类资源的信仰,使学生感受到红色文化资源的"可敬、可亲、可学",并内化为"可行、可用"的动力。最后,夯实理论基础,突破经典理论学习瓶颈,完善教学内容。思政课教师要对2018版四门新教材内容全面熟悉,对于自己不授课的课程也要基本上做到了解把握逻辑体系、框架脉络、主线目标。在确保完成基本教学任务与要求的前提下,针对教学难点重点,积极调整教材内容,大篇幅充实红色文化资源的专题内容,着力实现教材体系向教学体系的转变。①

二、将陕西红色文化资源合理融入高校思政课课堂教学之中

思想政治理论课是高校大学生的必修课程,在思想政治教育过程中起着至关重要的作用。首先,根据教学需要将陕西红色文化资源引进思政课堂,帮助学生了解中国共产党领导陕西儿女进行艰苦卓绝的革命历程和艰苦奋斗的建设历史,从中汲取陕西红色文化的教育价值,达到以红色文化育人的效果。依托大学的优势条件挖掘、整合各种红色文化资源,发挥高校思想政治理论课的主渠道作用,理论与实际相结合,教学与科研相促进,传承与创新相结合,将陕西红色文化资源融入思政课课堂教学,以达到文化育人化人的目的。

其次,要创新和改进思想政治教育的方式方法。在课堂教学

---

① 马举魁,郝万喜.依托地方红色文化资源提升高校思想政治理论课实效性研究——以榆林学院为例[J].榆林学院学报,29(04):5—7.

中，通过有效的教学方法将陕西红色文化融入课堂教学，是陕西红色文化进课堂的主要手段。红色文化进课堂的方法是多样的，故而课堂所呈现的红色文化多样且丰富。互动式教学法是常用而有效的教学方法，任课教师通过这种方法将红色文化带入四门思政课课堂，调动学生学习红色文化的积极性。这种互动式的讲解，可以激发学生的学习热情，有效地将红色文化融入教学之中。

三、拓展陕西红色文化资源融入实践性教学活动

实践性教学活动是思想政治理论课教学中的重要环节。首先，高校马克思主义学院要与学校党委、校团委、教务处、学生处等部门联合，共同做好陕西红色文化资源教育基地的相关规划工作，做好相关的硬件设施建设工作和与之配套的体系。其次，为学生争取更多切身体验地参观纪念馆、展览馆等的机会。再次，全面规范思政课的实践育人活动，以此作为思政课实践育人的基本依据。最后，教师遵循思想政治理论课实践教学的既定目标，根据理论联系实际的教育理念，依照学科专业、优势特长、兴趣爱好等，设计出红色文化实践教学主题。这些主题活动采取走出去与请进来相结合的实践教学方式。通过建设红色文化基地，让大学生去感受、体验、学习红色文化，在这个过程中受到红色精神的感染和熏陶。

第三节 融入日常生活，发挥文化育人功能

高校思想政治教育的根本目的是提高大学生思想政治修养水平，建立健全的人格，追寻人的价值，从而促进人的全面发展和社会的全面进步。红色文化资源融入大学生日常生活，营造浓郁的红

色氛围，发挥文化育人功能。

一、陕西红色文化资源融入大学生日常生活的重要意义

陕西红色文化资源具有独特优势，在全国红色资源宝库中有不可替代的重要地位。首先，能够弘扬和传承陕西红色文化。地方红色文化是区域文化的有机组成部分，将陕西资源丰富的红色文化与大学生日常生活紧密结合，有利于弘扬与传承地方红色文化，让大学生了解和认识地方红色文化，成为继承红色文化的主力军。其次，能够推动大学生健康成长。新时代"00后"大学生，生于移动网络时代，他们的物质生活总体更加优越，文化认同更加多元、也更具有创造力。他们思想活跃，接受新鲜事物能力强，但缺乏辨别力；自信张扬，但心理问题凸显，抗挫能力弱；综合素质较高，学习能力较强，但个人主义浓厚，合作意识薄弱，吃苦耐劳精神有所欠缺。所以，从校风、班风和舍风等校园红色精神文化入手，使红色精神文化渗透到大学生日常生活的每个环节。创造出具有浓郁红色人文氛围的校园物质文化环境，给学生一种高尚的红色文化审美享受，获得奋发向上的红色精神动力。

二、陕西红色文化资源融入大学生日常生活的主要原则

思想政治教育生活化原则主张在生活实践中引导和提高主体的思想政治修养水平，实现思想政治教育对生活世界的主体参与，体现对主体的尊重和主体性的高扬，是思想政治教育对生活世界的回归，也是多元化社会与时代对思想政治教育的要求。

第八章　陕西红色文化资源融入高校思想政治教育路径

一是突出主体的原则。红色文化融入大学生日常生活，只有作为主体存在的大学生自觉地、积极地、主动地接受红色文化的感染和熏陶，才有可能将红色文化的内涵真正内化。必须要突出这个主体，才能使红色文化在融入大学生的日常生活后产生预期的效果。二是注重实践的原则。"红色资源教育的重点在于实践，优势也在于实践。"[①] 大学生思想品德的形成、思想道德素质的提升都需要在日常环境的影响下，经过一定的社会实践才能实现。三是全面渗透的原则。大学生的日常生活覆盖的范围很广，除了学校生活外，还有为了生存而进行的一切活动。因此，红色文化资源在融入大学生日常生活中应该注重全面渗透。

总之，三秦大地上的革命先辈、革命事件、革命遗址、革命精神都以毫无争辩的事实证明着陕西共产党人英勇无畏、坚持斗争的光荣历史，是以无可置疑的历史事实解释着陕西共产党人热爱祖国、无私奉献、艰苦奋斗、依靠群众的思想道德境界，是人民军队和革命先烈忠于党、忠于祖国、忠于人民的人生观和价值观。这是陕西红色文化资源融入大学生日常生活的活教材。

三、陕西红色文化融入大学生日常生活的主要举措

陕西红色文化融入大学生日常生活有其现实必然性，把红色文化融入大学生日常生活，既有利于红色文化的传承和弘扬，又有利于更好地发挥红色文化的教育作用。

首先，将红色文化资源融入共青团思想政治工作之中。作为党的助手和后备军，高校共青团组织和陕西地区的红色文化具有天然

---

① 李康平，李正兴　红色资源开发与社会主义核心价值体系教育[J]．道德与文明，2008（01）：86—88．

的密切关系。陕西红色文化蕴含着中国共产党人崇高的价值取向、高尚的革命精神和伟大的思想品德以及开拓创新、不畏艰难、积极进取、勇敢向前、舍生忘死的革命精神,熔铸于陕西追赶超越之中。红色文化资源能够丰富高校共青团工作的内容,拓宽高校第二课堂育人平台。

其次,引导大学生形成正确的生活理念和积极的生活态度。正确的生活理念和积极的生活态度有助于大学生以一种乐观、健康的心态面对日常生活。陕西红色文化中蕴含着不怕牺牲、艰苦奋斗、无私奉献、为人民服务等核心精神,是引领时代的先进文化,这也是红色文化融入大学生日常生活的一个重要目的。大学生积极参与红色经典阅读,透过一个个红色故事,了解中华民族那段波澜壮阔的历史时光,感知英雄人物的坚定信仰,感受革命先烈的爱国情怀。

最后,将红色文化资源融入大学生公寓建设之中。学生公寓是大学生日常生活中的重要领域,已经成为进行红色文化教育的新途径。一方面,本着"以人为本"的理念,搞好学生公寓的硬件设施建设,帮助学生解决好一些实际的困难,为大学生提供一个良好的生活环境,以便于更好地对他们进行生活方面的指导。另一方面,应加强学生公寓文化建设,例如在学生公寓设置宣传栏、公告栏,及时宣传一些时事政策、公布一些先进人物和先进事迹,张贴一些名人警句以及相关的学生作品等,创设一个积极向上的良好氛围。

第四节 依托红色微信平台,发挥网络育人功能

思想政治教育载体是指在思想政治教育过程中,能承载和传递

第八章　陕西红色文化资源融入高校思想政治教育路径

思想政治教育的内容和信息，能为思想政治教育主体所运用，促使思想政治教育主客体之间互相合作的活动形式和物质实体。[①] 以互联网和移动互联网等为代表的新媒体已经与大学生的学习、日常生活密不可分。微信作为新媒体的代表，早已渗透到大学生的日常生活与学习之中，成为备受当代大学生青睐的网络交流工具。因此，思想政治教育可利用微信的及时通信、开放、分享等特点，将思想政治教育的理论灌输模式改变为话题性互动模式，为广大学生提供信息服务，是高校思想政治教育的新载体。

一、红色微信的基本内涵及类型

2016年12月，习近平总书记在全国高校思想政治工作会议上指出，"做好高校思想政治工作，要因事而化，因时而进，因势而新"。同时又提出："要运用新媒体新技术使高校思想政治工作活起来，推动思想政治工作传统优势同信息技术高度融合，增强时代感和吸引力。"[②] 微信作为当代大学生最为青睐的一种沟通交流工具，改变着大学生的生活方式与思维模式，于无形中影响着他们的价值取向。

红色微信的基本内涵。红色微信有别于微信的根本点在于"红色"。故此，要探究红色微信的基本内涵，必须由红色谈起。中国人的红色情结与生俱来，它流动在民族的血脉里，遗传在民族基因中。因此，红色微信可以理解为是一种依托于微信进行发布、传播、评论的技术，并且借助于声音、图片、视频、文字等方式，来弘扬主旋律、传播主流意识形态，渗透马克思主义理论、代表党的

[①] 张耀灿，等.现代思想政治教育学［M］.北京：商务印书馆，2006：392.
[②] 习近平.在全国高校思想政治工作会议上的讲话［N］.人民日报，2016-12-09(01).

精神、时代要求的正面舆论思想教育平台，是一种有特定主题的微信公众号。①

红色微信的主要类型。红色微信之所以称其为"红色"，一个共同的特征是这类微信平台具有正确的政治方向，以传递社会正能量和社会主义核心价值观为主要内容，对大学生具有价值引领作用。目前，高校红色微信主要有三种类型：一是由学校组织层面开发建立的微信平台；二是在学校相关职能部门指导下，以学生团体或学生组织为主体建立的微信公众平台；三是以学生为主体，由学生根据自身兴趣爱好自发建立起来的微信公众平台。这类微信平台往往主题明确、内容新颖，具有鲜明的特色和个性，成为大学生竞相转发链接或阅读的对象。②

二、红色微信作为思想政治教育载体的优势

首先，微信的广泛性可以提高思想政治教育的影响力。微信的使用者非常广泛。根据相关资料，微信的用户量已超过 8 亿，足以显示其庞大的使用量。而且，由于微信可以很容易地"摆脱"来自时间和地域上的限制，为思想政治教育者受时间和地点的限制展开思想政治教育创造了可能，从而增强了思想政治教育的覆盖度，增加了思想政治教育的影响力。其次，微信作为即时通信工具有利于提高思想政治教育的实效性。在过去相对传统的高校思想政治教育模式下，受各种因素的影响，教育主体和客体缺乏有效的互动交流。现在，思想政治教育工作者通过微信与大学生进行互动交流，

---

① 张成瑞. 以"红色微信"为载体加强大学生思想政治教育创新路径研究[D]. 银川：宁夏大学，2017.
② 贾娜. 运用红色微信创新高校思想政治教育研究[J]. 学校党建与思想教育，2018（12）：65.

能在一定程度上减轻他们的"戒备心理",拉近教师和学生之间的距离。对于增进思想政治教育主客体之间的互相信任具有很大的促进作用。

红色微信的平台优势。虽然微信自身的特征给思想政治教育带来了一系列的积极影响。但网络的开放性使得信息质量良莠不齐,许多功利性网络信息冲击着大学生的价值观,影响了学生独立思考能力,影响到思想政治课教学效果,进而降低了高校思想政治教育的效果。而红色微信可以让大学生的移动网络空间更加具有学术氛围,更具知识性和思想性。红色微信的一系列优势可以达到这样的效果。首先是主体优势。红色微信平台的建立者和管理者都是高校思想政治教育者或与之相关的人员。他们是大学生思想政治教育的具体操作者和实施者,主体可以利用红色微信来让学生完成相关教学任务,逐渐培养大学生利用红色微信提取教学资源,完成教学任务的习惯,对于红色微信的推广具有很大的帮助作用。其次是客体优势。红色微信的主要参与者和受众是在校大学生,在参与讨论或完成教学任务的过程中可以积极发表其对红色微信内容的理解和感悟,从而引发大学生的讨论和互相学习,在讨论中激发学习热情,促进高校思想政治教育的发展。最后是介体优势。一是体现在它是依托于微信的,大学生只需要对特定公众号进行关注即可获得相关资源,使用非常方便快捷。二是无论从其形式还是内容来说,都有着非常明显的亲和力、时代感、权威性和真实性。其在内容上可以包括高校思想政治教育的一切内容,同时和高校所开的相关课程完美融合。例如,安康学院马克思主义学院"安康微红"公众号,其主旨就是巩固大学生马克思主义和共产主义理想信念与意识形态的主阵地,是回应社会关切、探索中国特色未来发展道路的便利平台,与高校的《马克思主义基本原理概论》《毛泽东思想和中国特色社会主义理论体系概论》课程相得益彰，互相配合。

总之，以红色微信为载体，实现了高校思想政治教育网络的全覆盖。

三、利用红色微信平台、传播陕西红色文化、发挥网络育人策略

红色微信作为新时代高校思想政治教育的重要平台，在网络宣传阵地建设、主导舆论引领方面发挥着越来越重要的作用，优势越来越明显，正在被越来越多的高校和大学生所接受和广泛运用。通过红色微信这一重要平台，发挥网络育人的功能，实现红色文化资源与思想政治教育的有机融合。

首先，强化内容建设，扩展影响。红色微信平台公众号要想扩展影响，实现红色文化育人、传播效率最大化，就要注重内容建设。在内容建设上，要坚持红色先行，注重博采众长，学校组织相关活动或社团活动，也要围绕红色主题展开。如马克思主义著作经典话语、优秀传统文化名言警句、有趣表情包、民间谚语等，并将这些红色内容摘录、做成小视频或者绘制成手绘卡通图案、漫画、插画、Flash 等极具吸引力，且满足大学生个性的雅俗共赏的微信素材需求，纳入红色公众号推送的范围。

其次，优化公众号推送形式，提升传播效率。高校在使用红色微信平台宣传推广红色文化时，应当充分发挥红色微信平台的优势，把文字、图片、视频、音乐等多种表达形式结合起来综合运用，使红色文化的推广更加立体、有趣、生动。可以在红色微信公众号内设立多个板块，还应包含党的最新政策、校园新闻、社会正能量等，方便学生及时关注相关的红色信息。

再次，实现线上线下互动。吸纳学生作为内容主创人员，对于

搞好宣传红色文化的公众号非常有益。一方面，学生更了解自身的兴趣爱好，能制作出符合自身关注要求的"红色文化"推送；另一方面，青年学生的创造力、创新性也不容忽视，他们制作出的推送内容更加新颖有趣，也更有利于在学生中推广传播。同时，邀请专业人士对这些团队的负责人进行培训和指导，定期开展团队创作竞赛活动，培养一批在红色微信平台上传播红色文化的骨干人才。使"课内"和"课外"有机衔接、"线上"与"线下"无缝连通。

最后，建设专业人才队伍，凝聚力量。传播红色内容的红色微信平台应有专门人才来制作管理。相关工作人员应该主动融入学校的学生圈，了解同学思想动态，掌握学生思想意识的变化，从而进行有效反馈，推送有针对性的红色内容，及时对学生进行思想指引及行为引导。另外，定期对在微信平台上从事红色内容传播的宣传成员及主要负责人进行相关网络安全、思想政治、党的理论知识、党的新要求新任务的教育、培训，促进微信平台中红色内容传播时思想正确、方向明确。师生互动、生生互动，突破了"教"与"学"的隔阂，延伸了教与学的时空，提高了学生学习灵活性、积极性，增强了教育教学效果。

附 录

打造思政育人"网红平台"
彰显网络思政"时代魅力"
——以"安康微红"为例

"安康微红"微信公众号由安康学院马克思主义学院、安康学院德育艺术研究中心于 2018 年 7 月创立。"安康微红"是搜集整理安康红色史实、创新思想政治理论课实践教学载体、实现思政课程与课程思政同向同行的专业传媒平台，设有"红色安康""红色课堂""红色实践"等三个主要栏目，每个栏目下设几个板块。如何将陕西红色文化资源融入高校思想政治教育，安康学院马克思主义学院以"安康微红"微信公众号为平台，进行了三年的探索实践。

陕西红色文化资源数量众多，内容丰富，是思想政治理论课珍贵的教学资源。安康学院马克思主义学院、安康学院德育艺术研究中心以"安康微红"微信公众号为平台，将陕西红色文化资源融入《马克思主义基本原理概论》《毛泽东思想和中国特色社会主义理论体系概论》中，现挑选三大板块的部分推文。

一、红色安康板块

安康是一块红色热土，曾是川陕革命根据地、鄂豫陕革命根据地的重要组成部分和"中原突围"的重要战场，有着富集的红色文化资源。

（一）安康烈士陵园（2019 年 3 月 10 日推送）

安康烈士陵园位于安康市汉滨区陵园路 31 号，始建于 1950 年，是为纪念 1949 年解放安康时在牛蹄岭战役中牺牲的革命先烈而修建的烈士陵园，占地面积 17.61 亩。园内先后安葬牛蹄岭战役、三线建设、抗洪抢险等烈士墓 562 座，1994 年被省委命名为爱国主义教育基地，2009 年被省国防委命名为省级国防教育基地，是县级烈士纪念设施保护单位、市级园林单位、市级文明单位，也是安康市中心城区开展爱国主义教育和革命传统教育的重要基地。安康烈士陵园原由汉滨区陵园管理所负责日常管护，2017 年 2 月，汉滨区陵园管理所更名为安康烈士陵园管理所，隶属汉滨区退役军人事务局管理的副科级全额拨款事业单位。核定事业编制 3 名，主要负责安康烈士陵园的建设、管理、维护、环境美化及组织烈士纪念活动等工作。

1. 安康烈士陵园纪念设施主体及配套设施情况

目前，安康烈士陵园烈士纪念设施有 10 处，烈士墓区 3 处。纪念设施 10 处。门亭——始建于 1984 年，建筑面积 90 平方米，为钢筋混凝土仿古建筑。门亭两边竖立"万重青山存浩气，千里江流唤忠魂"和"汉水长歌颂先烈建殊勋永垂青史，金州求富唤后辈展宏图告慰英灵"烫金对联，门亭上方悬挂着"丹心永存"烫金横匾。纪念碑——始建于 1984 年，基座面积 100 平方米，碑高 19.49 米，寓意 1949 年新中国成立。正面"革命先烈永垂不朽"，背面"纪念为解放安康而牺牲的先烈们，纪念在三线建设和抗洪救灾中而牺牲的先烈们，纪念新中国成立以来为安康革命建设而献身的同志们！"。牛蹄岭战斗展览室——始建于 1988 年，砖混仿古建筑。内置牛蹄岭战斗相关图片、文字展板、声光电模型、文物等展品。三线学兵事迹展览室——始建于 1988 年，展厅内部布展于 2010 年，以当年三线学兵在三线建设中的照片、图文、文物、声像等形式展现了 20 世纪 70 年代三线建设的动人场景。英烈亭——始建于 1998 年，记录着牛蹄岭战斗事件经过和牛蹄岭战斗烈士名录。丹心亭——始建于 1984 年，记录着 1983 年安康百年不遇洪灾与抗洪救灾事件经过和抗洪救灾烈士事迹。三线建设纪念亭——始建于 1992 年，记录着三线学兵参与三线建设事件经过和 119 名在三线建设中捐躯的学兵名录。无名烈士纪念塔——于 2013 年零散烈士纪念设施集中迁建时修建，内部安葬着 67 位无名烈士忠骨，碑文记录着汉滨区零散烈士纪念设施抢救与保护事件经过。无名烈士纪念墙——于 2017 年 9 月修建，内部安葬着为纪念新中国诞生以来，保卫祖国，而英勇献身的无名烈士忠骨。英烈纪念墙——于 2017 年 9 月修建，英烈墙正面以汉白玉浮雕展现了当年牛蹄岭战斗、三线建设、抗洪抢险等壮观场景，背面刻录着为革命战斗、安康解放、三线建设、抢险救灾及革命建设时英勇献身的烈士英名。

烈士墓区 3 处：牛蹄岭战斗牺牲的部分烈士墓区——安葬着 67 位在牛蹄岭战法中牺牲的先烈。其中五十五师一六四团副团长孟俊奇烈士墓位于墓区首排。三线建设烈士墓区——集中安葬 216 位烈士，其中三线建设烈士 171 位。零散烈士墓集中迁建区——2013 年迁入汉滨区境内零散烈士 167 位，新修零散烈士墓 100 座，墓区入口修建无名烈士纪念塔一座，内置 67 位无名烈士忠骨。

2. 安康烈士陵园发挥爱国主义教育基地作用情况

安康烈士陵园是安康人民进行爱国主义和革命传统教育的重要园地，先后被授予"省级爱国主义教育基地""省级国防教育基地"，每年接待来园瞻仰烈士的人群达 10 万人次以上。每年的清明、"七一""八一""十一"等重要节日，城区学校、机关单位组织师生、职工纷纷到烈士陵园开展爱国主义教育活动,很多单位、学校将烈士陵园定为自己单位的教育园地,组织参观牛蹄岭展馆、三线学兵展厅,在纪念碑前重温入党誓词,举行入党、入团宣誓仪式,使广大干部群众接受革命传统教育。尤其是清明节,安康烈士陵园更是人山人海,祭奠烈士活动轰轰烈烈。

为了更进一步弘扬先烈精神、发挥烈士陵园爱国主义教育基地作用,近几年,我院(安康学院马克思主义学院)与安康烈士陵园管理所进行合作,由我院的学生担任烈士陵园的义务讲解员,以"爱国主义教育宣讲活动周"形式将革命先烈的精神、爱国主义与当下的社会进行结合,弘扬时代主旋律,已为广大市民和社会各界人士进行宣讲300多场次,受到了社会各界的一致好评。

(二) 安康红色地标——镇坪(2020年1月19日)

镇坪,位于陕西省东南部(陕西的最南端),大巴山北麓。地处东经 109°11′—109°38′,北纬 31°42′—32°13′。东与湖北省竹溪县接壤,南与重庆市巫溪县、城口县毗邻,西北与本省平利县连界。有"鸡鸣一声听三省""一脚踏三省"之称,鸡心岭为陕、渝、鄂交界点,也是中国版图的"自然国心",故享有"国心之县"的美誉。

四川红军川东游击队转战镇坪遗址——历史事件

川东游击队转战镇坪:党的八七会议后,以武装反抗国民党反动派为中心的土地革命,在全国蓬勃兴起。在川陕边界地区,在中共四川省委领导下,由中国早期革命家四川宣汉籍共产党员王维舟创建领导的川东游击军,开辟了川陕革命根据地,逐步由四川扩展到安康地区的镇坪县及紫阳县。

镇坪县设立于1920年,位于陕西最南端,地处川陕鄂交界地带的大巴山北麓，东与湖北省竹溪县相邻，西南与川东苏区四川省城口县接壤，南与巫溪县相邻。民国以来，兵匪频繁，尤其是1925年四川大股土匪党寿眉部窜入县境以后，川陕鄂股匪连年不断。据国民党陕西当局史料记载："在此六七年中，县府避匪四迁，县长以武力不足以御匪，有逃亡者，有被杀者，有不数月请辞去职者。"加上北洋军阀吴新田和地方军阀统治陕南，滥派各种捐款，百姓难以生存，纷纷逃亡或迁徙。

1930年1月，活动于大巴山南麓的万源、宣汉、城口三县边境的川东游击军，面临川东军阀刘存厚调集万余大军的围剿，处境困难，弹械不足，遂向大巴山北麓转战。此时，镇坪县南端偏远的大榆河上游的长坪，住有十几户农民，他们多是被迫从川东数县迁来的山民。由于土匪经常抢掠，地方政府无能，农历正月，当地农民决定去请川东红军来打土匪。2月初，川东城（口）、万（源）红军即川东游击军第一路第一支队队长吴会治率300余人，经镇坪县大榆河长坪农民唐方志带路，从万源县的巴头源出发，进入镇坪县的大榆河，消灭了盘踞在该地的武装土匪，红军在大榆河有了立足之地，并在镇坪华坪、小曙河等地开展游击斗争和发动群众的工作。红军游击队军纪严明，深受当地百姓欢迎。

1930年3月上旬，支队长吴会治带大部队员转战紫阳县，留下30余名队员坚持在镇坪县开展工作。留在镇坪的这支红军队伍，按照《中共四川省委关于农村斗争战术的指示》精神，开展土地革命斗争。在广泛发动群众的基础上，首先在茅坝乡的华坪建立了农民协会，有会员20多人，当地贫苦农民王帮忠任农会主席。这是土地革命战争时期，中国共产党在安康地区成立最早的农民政权。在红军游击队和农会的领导下，开展了轰轰烈烈的土地革命斗争。先后没收了大地主罗潭的160多亩的土地，分给了无地和少地的贫苦农民；没收了大地主罗世安的 13 条步枪，3 头肥猪，打开罗世安和另一户地主的谷仓，将稻谷和猪肉分给贫苦农民。这支 30 多人的川东游击队，在镇坪县的榆龙、三坝、团结、尖山等地活动了近半年，后返回四川。之后，农会组织相继被迫解散，贫苦农民分得的土地、柴机又被地主夺回。

流传在镇坪的红色歌谣：

诉 苦 谣

什么苦？黄连苦。没有穷人受罪苦！

打下粮，没饭吃，修下房，没屋住；

种下棉花无衣穿，娃娃养下没裤裤。

请红军，屋里住，苦处只有向你诉。

吓得白狗逃回去

人说红军会腾云，好似天兵下凡尘。

一夜行军百八里，吓得白狗逃回去。

红军是救星

红军是救星，为的是穷人。

打的是土豪、杀的是劣绅。

若想要翻梢（镇坪方言，指翻身），

去投红军哥。

镇坪县红三军鸡心岭战斗战场遗址——历史事件

镇坪县红三军鸡心岭战斗战场遗址位于安康市镇坪县钟宝镇金岭村，是一脚踏三省之要地。1932 年 12 月 15 日，贺龙率红三军主力部队翻过鄂陕交界的大风垭，西入镇坪南部的旧城（今钟宝镇)。

时国民党镇坪县独立营百余人早已闻风而逃。旧城为过去国民党县政府所在地,上半年曾遭四川曾世忠股匪焚毁,这里到处断壁残垣,人户仅几十家,产粮不足百担,难屯大军。红三军在此住了一夜,次日继续南下,当翻越鸡心岭一脚踏三省之要地时发现敌情,国民党黄涛部队 300 余人,借助清代白莲教古战壕,欲控鸡心岭一带,阻挡红三军前进。当红军逼近时,黄部开枪阻击,红三军铺天盖地而上,顿时枪声四起,双方交火不到半小时,黄部一触即溃。战后,贺龙登上一脚踏三省的地方说:"这里不是我们落脚的地方,我们还要继续走,走远点,用我们的脚走出一块根据地来,但这一天已经为期不远了。"带领部队离开了鸡心岭镇坪一侧,沿铜罐沟而下,向川东方向前进。

贺龙率领红三军转战镇坪:红三军是坚持在湖南、湖北两省西部边界湘鄂西革命根据地的一支部队,总指挥贺龙。1932 年夏,湘鄂西根据地反"围剿"失败,被迫退出湘鄂西革命根据地,红三军转往湘鄂边区。湘鄂西中央分局率红三军所属四个师(红七师、红八师、红九师、独立师),从洪湖出发,绕豫、陕、川境,向湘鄂边转移。20 世纪 60 年代初,贺龙在《回忆红二方面军》一文中说:"那时,我们没有作战地图,只有一张从教科书上撕下来的小地图,上面只有几个大的地名,如果我有一张 1/50000 的地图,我们也不走伏牛山绕一个大圈子。这条路线我只是在大革命时听四军政治部主任廖乾五说过,他是陕西人。"(北伐时贺龙任国民革命军独立十五师师长,廖乾五负责指导贺师及十一军政治部在河南前线的政治工作)

11 月到 12 月,红三军越过桐柏山,经陕西的商洛地区,安康地区的旬阳、安康(今汉滨区,以下皆同)、平利、镇坪,转战鄂陕川边，南下川东。当时，安康境内除县城驻有地方军队外，区乡武装不敢阻拦。正如贺龙后来所说的那样："过了武关，经过竹林关，从旬阳、安康之间渡过汉水，沿陕鄂川边南下。这个行军路线是有计划这样走的，因为这时部队没有战斗力了，要避免与敌作战。从陕南过汉水，从巴东过长江，皆比较容易。"由于陕南山区连年饥荒，山大人稀乏食，养不起大军，红三军放弃了在这一地区及毗连地区建立根据地的打算。

1932年12月10日，贺龙率红三军主力约8 000人，分三路翻过平利、镇坪交界之秋山的三个山口，进入镇坪县曾家、洪山一带。次日，从湖北省竹溪县西部鄂坪出发的红三军另一路2 000余人，在牛头店镇境内与主力部队会合。至此，红三军第七、八、九师和独立师约万人全部进入镇坪县。当天，先头部队未放一枪一弹，占领了陕鄂交界要隘竹叶关，地方民团不敢反抗。12日，红三军主力经竹叶关东入竹溪县泗水镇。14日，贺龙亲率主力部队翻过鄂陕交界的人风垭，西入镇坪县南部的镇坪县旧城（今钟宝镇）。国民党镇坪县独立营百余人早已闻风而逃。旧城为当时县政府所在地，1933年被四川曾世忠股匪焚毁，已成断壁残垣，仅有几十户人家，产谷不足百担，难屯大军。红三军只在这里驻了一夜，次日继续南下，前卫第七师第二十团击溃国民党黄涛部300余人，控制了川鄂交界的鸡心岭。这次战斗很顺利。事后群众唱道："人说红军会腾云，好似天兵下凡尘。一夜行军百八里，吓得白狗逃回去。"

据红军战士回忆，贺龙从后面赶到前卫二十团，登上一脚踏三省的地方，用望远镜往前方看了看，笑着问大家："谁能说出来这是什么地方？"指战员你望我，我望你，谁也答不上来，只是一个劲儿地傻笑。贺龙见没人回答，接着说："这是一脚踏三省的地方！

你们看我们的脚板大不大?"大家都哈哈大笑。好久都没有这样舒心地笑了。贺龙又说:"这里还不是我们落脚的地方。我们还要继续走,走远点,用我们的脚走出一块根据地来,但这一天已经为期不远了!"

1932年12月14日,贺龙率红三军全军翻过鸡心岭镇坪县一侧,沿铜罐沟而下,向川东方向前进,进入川东巫溪县境,15日,后续部队全部离开镇坪县。

红三军转战镇坪,历时6天,途经镇坪县4个乡镇28个村。所到之处,书写标语,宣传党的主张,揭露国民党的造谣污蔑;按照群众要求,公开镇压了4名伪区长、保长、恶霸地主;开仓放粮,把地主的粮食、衣物分给贫苦农民;部队注重党的统战政策,对知识分子、开明士绅、不与红军为敌的地方民团头目,或大胆使用,或训导。红三军军纪严明、秋毫无犯;打击地方反动势力,深受各界人民拥护。镇坪县百步梯农民陶玉桂发现菜园里的萝卜坑旁都放着铜币,才知道是红军吃了菜留的。洪石河有个傅老汉躲避时未将一只羊拉走,他想这只羊一定会被吃掉,岂知红军不但没杀,反倒给喂得饱饱的。红军走后,傅老汉回家见了羊,高兴得不知如何是好。据不完全统计,红三军过境时有几名群众为红军带路,有7人参加红军,4名因伤病掉队的红军战士得到当地群众的保护。

贺龙率领红三军顺利过境镇坪不仅完成了战略转移而且在镇坪产生了广泛而深远的影响。红三军走后,镇坪大地到处传颂着怀念红军、去投奔红军的歌谣。

20世纪90年代,在镇坪县竹叶关农民蔡同国房屋墙上,仍有一条较完整的标语清晰可认:"没收地主和大财主的土地,分给贫雇农耕种,红三军政治部。"这条标语保存下来很不容易。蔡尚功老人说:"贺龙领导的红军是民国二十一年1932路过这里的。当时队伍住了一条沟,只宿了一夜,第二天就开走了。在好几处写了标语,有的房子垮(塌)了,标语没了。蔡家墙上的标语因后来搭了个偏厦子,才保存下来,有几个字脱落,我们给补上了。"

至今在镇坪县档案馆还珍藏着署名"红三军政治部",在竹叶关书写的标语照片,内容是:"没收地主和大财主的土地,分给雇贫农耕种。反对军队派捐款索饷!"成为镇坪人民永远怀念红军,进行革命传统教育的宝贵教材。

新时代的镇坪县

今天的镇坪县,人民都在共同努力建设一个文明和谐发展的美好家园,将革命精神传承在新时代的家园建设过程中,更好更优地将红色火种、红色精神、奋斗精神贯彻到现代化建设中,将人民的幸福作为奋斗的根本目的,我们作为新时代的青年,更要明白革命精神中的奋斗、坚持、努力是我们幸福美好未来生活的动力与根基,要牢记,生命不止,奋斗不息,将红色精神传承下去,发扬光大!

(三)安康红色地标:莲花寨革命遗址(2021年4月25日)

安康身为一块红色热土,是鄂豫陕革命根据地、川陕革命根据地的重要组成部分,有着光荣的革命斗争史和丰富的革命历史资源。在建党100周年之际,为传承和弘扬好革命精神,让红色基因代代相传,"安康微红"公众号推出"追寻安康红色足迹"栏目,融合运用短视频、图片、文字等形式,用丰富的镜头和细腻的笔触,将一个个激情澎湃、感人至深的红色革命故事娓娓道来。革命旧址是"固化"的党史和革命史,是革命前辈和先烈用生命和鲜血构筑的座座永恒丰碑，也是指引我们通向彼岸的"精神地标"，更是净化心灵、振奋精神的现实立体教材。

本期"安康微红"将带领大家走进岚皋县莲花寨革命遗址。

历史事件。

1936年初，卢楚衡、陈秀凤夫妇受党组织派遣，以招募爱国志士名义，在安康组织反蒋抗日地方武装。是年春，卢楚衡夫妇探亲回庙沟，成功策反自卫队长卢卓风。卢楚衡返回部队后，陈秀凤先以婆家为据点联络八道河自卫团长钟又可、岚皋堰门自卫队队长杨少山等地方武装，建立了拥有200余人、80多条枪支的抗日义勇军联队。后以莲花寨为根据地，开展抗日爱国宣传和反蒋武装斗争。陈秀凤、卢卓风部驻莲花寨时，常向部队进行抗日爱国教育。吃饭时唱《吃饭歌》："这些饭食，人民供给。我们应当，为民努力。帝国主义，国民之敌。救国救民，吾辈天职。"还常唱《爱国歌》《救亡歌》《我们是铁的队伍》等歌曲。

1936年12月14日，陈秀凤紧密配合西安事变，在洄水、庙沟、洞河沿线大张旗鼓地宣传拥护张、杨联共抗日，公开组织千余民众参加的示威游行，引起了南京政府的恐慌。1937年1月25日，国民党军政部部长何应钦密电陕西尽快解决。1月27日上午，岚皋、紫阳两县政府急奉安康专署密电，派出岚皋县保安大队长卜紫珊，副参议长、西区总团总、大地主祝献廷同紫阳县保安大队长胡宝玉、洞河团总蒋汉三等率保安大队及民团围剿，又调国民军一个营参战。陈秀凤闻讯后，分析敌我情势，决定兵分两路突围，一路由卢卓风率队突围到洄水上游的斑鸠关与钟又可会合，紫阳县县长令钟又可围剿，钟佯作保证，暗送子弹1箱，枪10多支。另一路由杨少山率队向吊阳关方向突围。突围中，沿途遭到堵击，30余名战士英勇牺牲。携婆母避在洞河石家湾山洞的陈秀凤等10余人被俘，后经卢楚衡托关系被释放。

西安事变和平解决后，1937年12月，卢楚衡带20多人诈称进山围剿，回到庙沟。1938年二月初二，卢楚衡与陈秀凤、卢卓风会合后，在岚皋、紫阳接合部继续组织抗日爱国志士。后卢楚衡、陈秀凤携钟又可、卢卓风等1 000余名抗日爱国志士出山，少部分编入陕南抗日第一军，大部分组成"爱国志士抗日后援委员会"和"抗日后援军"，卢楚衡为主要负责人。

1946年初，卢楚衡从河南回到延安，毛主席亲自点将任命他为延安县县长，为粉碎胡宗南进攻延安做后方支前和统战工作。新中国成立后，卢楚衡到西安工学院学习，后被分配到青海工作。先后担任青海省海南州农牧局局长、州党校副校长，1957年调省委党校任教。1962年卢楚衡因病申请退休回老家，青海省委派医疗小组护送他回到安康，而后乘船回到紫阳洞河，在庙沟村住了一段时间后迁移到岚皋县堰门花石沟。他退休回乡后，陕西省委、省政府和紫阳、岚皋两县地方政府和群众给予他很多的关心和照顾。1969年卢楚衡在岚皋县病故，享年70岁。

莲花寨革命遗址位于安康市岚皋县堰门镇青春村，遗址铭刻着中国共产党人和安康人民为民族独立和人民解放而英勇奋斗的光辉历程，蕴含着中国共产党人和安康人民艰苦奋斗、不屈不挠、一往无前、敢于胜利的革命精神，是进行爱国主义教育和革命传统教育的重要阵地，更是安康人民的一笔宝贵的革命历史文化遗产和资源。近年来，岚皋县坚持以创建国家全域旅游示范区和国家公共文化服务体系示范区为契机，以"旅游富民、生态强县"为目标，始终把旅游产业作为"首选产业""第一产业"，紧紧围绕"文化＋旅游"，互相促进，文化为旅游产业注入深厚底蕴，旅游产业催生文化结出丰硕成果。

二、红色实践板块

利用重大纪念日、节庆日资源开展红色主题教育活动是高校思想政治理论课实践教学的一个重要载体。为此，安康学院马克思主义思政课老师通过课余时间或者周末抑或暑假时间，组织相关学生到"安康烈士陵园""安康历史博物馆"、牛蹄岭战役遗址、陕南人民抗日第一军纪念碑、旬阳红军纪念馆等地开展红色主题活动，让学生体验安康红色文化、磨炼坚强意志，同时结合生活实际，引导学生积极向上、向善，健康发展。同时以革命文化、传统文化和社会主义先进文化形成以发展为主线，以革命救亡和歌颂祖国为主题，以红色文化经典为主要内容，让学生完成思政课作业，如红色电影之观后感，美术作业："安康烈士陵园纪念碑""三线建设中的铁姑娘排""旬阳县红军纪念馆""安康汉江一桥""岚皋县烈士陵园"等，通过这种"思政+艺术"的模式，让学生把思想政治教育内容"用"起来，实现理论与实践的结合，让思想政治教育由被动接受变为主动自学、主动运用。这不仅有利于提升思想政治理论课教学的感染力，还对大学生艺术素养的提高大有裨益。同时，引导学生走上追求学术创新的道路，指导学生在"红色文化资源与思想政治教育"方面撰写论文。目前，七位学生的论文相继公开发表在省级刊物。

指导发表的学生论文。

◎ 2019年国家级大学生创新创业训练计划项目——利用红色资源开展大学生红色基因传承教育调查研究最终成果（编号：201911397024）

◎ 陕西省教育厅2019年教学改革项目"基于红色微平台的地方高校思政课实践教学实现途径创新研究"阶段性成果（编号：19BY121）

红色文化融入大学生核心价值观培育路径探析——以安康学院为例

◎ 贾珍玉　纪安玲

生长孕育在中国大地上的独特的红色文化，为大学生核心价值观培育提供了生动素材和丰富营养，高校应将大学生的学习、生活与弘扬红色文化紧密结合起来，使红色成为学校思想政治教育的鲜亮底色。安康学院通过编撰红色文化教材，加强红色文化教育，实现知行合一；引导学生在体验中触动灵魂，接受革命精神洗礼；围绕艺术活动主题，鼓励学生主动参与艺术创作；创新"安康微红"推送内容、形式，吸引更多学生主动关注，增强大学生核心价值观培育。红色文化是中国特色社会主义先进文化的重要组成部分，是社会主义核心价值观的"源头"与"活水"，[1] 蕴含着坚定的理想信念、丰富的革命精神和高尚的人格魅力，与社会主义核心价值观一脉相通，是对大学生进行社会主义核心价值观培育的重要载体和主要支撑。

红色文化在大学生核心价值观培育中的重要作用

1. 红色文化为大学生核心价值观培育提供了正确的价值导向

大学阶段是价值观形成的重要时期，面对各种社会新思潮的影响，大学生的核心价值观容易转移，呈现不稳定发展的状态，所以，大学生核心价值观培育的重要内容之一就是教育大学生确立正确的核心价值观。红色文化作为一种经历过特定历史和生活发酵历

---

[1] 包斯琪. 红色文化与当代大学生核心价值观教育问题研究[D]. 吉林大学，2015.

练的文化形态，是中国共产党领导中国人民在革命战争年代和社会主义建设过程中形成的中华优秀传统文化。在抗美援朝战争中，红色文化所呈现出的"祖国和人民利益高于一切，为了祖国和民族的尊严而奋不顾身的爱国主义精神；英勇顽强，舍生忘死的革命英雄主义精神；不畏艰难困苦，始终保持高昂士气的革命乐观主义精神；为完成祖国和人民赋予的使命，慷慨奉献自己一切的革命忠诚精神；以及为了人类和平与正义事业而奋斗的国际主义精神"。① 这样的价值观，为大学生核心价值观培育提供了正确的价值导向。

2. 红色文化为大学生核心价值观培育提供了丰富的教育资源

红色文化是一种重要资源，包括红色歌曲、红色故事、红色绘画、红色遗址、红色精神、红色英雄人物等，这些重要、丰富的资源是价值观培育的鲜活素材，有利于帮助当代大学生在学习的过程中，不断增强社会责任感和提高自身的道德修养。红色歌曲、红色绘画，以一种直观且具有创造性的艺术展现形式向当代大学生们呈现了一种坚定的理想信念，使大学生在自我创作或是欣赏他人创作的过程中，感悟红色艺术背后的价值，从思想上帮助大学生培育科学的核心价值观；红色故事、红色遗址及红色英雄人物，有利于帮助当代大学生确立人生的榜样，在了解英雄人物故事的同时，以此规范大学生的行为举止。红色文化提供了丰富的无形或有形的文化展现形式，为大学生培育科学的核心价值观提供了鲜活素材，利用无形的红色文化有利于大学生从思想上树立正确的核心价值观，利用有形的红色文化有利于大学生从行动上强化核心价值观，有利于大学生将核心价值观内化于心，外化于行。

---

① 王相坤. 领悟伟大抗美援朝精神的丰富内涵 [N]. 新华日报，2020-10-27 (15).

3. 红色文化为大学生核心价值观培育提供了天然的教育载体

红色文化的效能和使命，始终都在为社会"举旗定向"，给精神"沐浴"，使思想闪光，让行为高尚。随着信息时代的发展、科技的进步、交通的发达、网络的普及，不论是本土的红色文化还是其他地方的红色文化都可以利用起来，帮助大学生进行核心价值观培育。利用本土的红色文化既可以节省成本，又可以让在校大学生加深对当地历史文化的认识，以便更好地完成在当地的大学生活；利用其他地方的红色文化，在网络覆盖的今天大学生在网上就可以搜索到所需要了解的红色文化，在有资金、有时间的条件下，还可以到现场参观，有利于拓宽大学生的视野，吸收各地红色基因的力量。所以，不论是本土红色文化还是世界各地著名的红色文化遗址，在现代人保护、继承的基础上再加上科技的发展，都是可以随时利用起来的，因而红色文化为大学生核心价值观培育提供了天然的教育载体。

高校利用红色文化进行大学生核心价值观培育存在问题

以位于陕西省安康市的安康学院为研究对象进行调查，利用安康红色文化对大学生进行核心价值观培育，有助于大学生的成长成才，增进大学生对红色文化的了解。

1. 红色文化与大学生核心价值观培育融合中出现"知行"分离状况

安康的红色资源在全省乃至全国都具有一定的地位，在安康旬阳县有红军镇的红军纪念馆，在汉滨区有牛蹄岭战斗遗址、安康烈士陵园以及各县区烈士陵园，在汉阴县有陕南人民抗日第一军纪念碑，在宁陕县有三烈士墓，在平利县的八仙镇有廖乾五旧居，在紫阳县汉王镇有陕南人民抗日第一军活动旧址，在石泉县有红军纪念馆，① 除了这些有形的红色文化遗址，当地更有大量的红色歌曲、红色故事、红色影像等无形的红色文化，这些当地的红色文化是进行社会主义核心价值观教育的鲜活教材。课堂中将安康红色文化与大学生核心价值观培育融合，虽然能够因地制宜，合理利用当地红色文化展开核心价值观培育，但却有两点不足：其一，认识不深，听完即忘，只通过教师的讲解以及图片、视频的展现，是不能够让学生们永久记忆的；其二，缺乏实践，停于表面。实践是检验真理的唯一标准，是马克思主义哲学最显著、最根本的特点，实践不仅有推动社会发展的巨大作用，还对人的认识具有决定作用。所以，只靠教师讲解会使学生缺乏实践，这样的融合培育也只会流于表面。

2. 各二级学院组织学生开展红色文化活动但只涉及少量学生

安康学院各二级学院注重对学生核心价值观的培育，经常开展各种各样关于红色文化的活动，例如，文传学院学生参加"百年五四——青春中国"陕西省第七届校园艺术节，其原创话剧《三水河边》参加了艺术节并获得6项奖励；艺术学院组织学生们参观安康烈士陵园、安康历史博物馆，探寻安康红色资源的实践教学活动；旅环学院的学生代表亲自抵达江西省赣州市寻乌县红色革命旧址拍摄宣传视频，到达陕西省延安市，分别前往枣园革命旧址、杨家岭革命旧址、延安革命纪念馆和王家坪革命旧址，拍摄视频并上传网络，让更多的人在"云"端感受革命精神和红色文化；教育学院组织学生参观红军纪念馆，重温红色文化，缅怀革命烈士，学习英雄

---

① 纪安玲. 安康红色资源与大学生社会主义核心价值观教育[J]. 安康学院, 2017 (3): 16—19.

事迹；马克思主义学院社会实践团队分赴陕西大学生延安精神教育基地及安康地区汉阴、紫阳、石泉、宁陕等革命老区开展了以"在传承红色文化中践行社会主义核心价值观"为主题的实践活动；另外，学校还组织学生赴上海、嘉兴、井冈山革命根据地、延安及梁家河等地，使青年大学生在实践中重温党的足迹、学习革命精神。这些实践活动引导大学生在实践中传承红色精神、践行社会主义核心价值观。但是由于学生人数过多，学校经费有限，不能做到每一位学生都能参加社会实践，缺乏普及性。

3. 安康红色文化与微信公众号融合，学生关注度有待提升

基于互联网的快捷功能和微信公众号的传播功能，安康学院马克思主义学院创建了"安康微红"微信公众号，该平台现有红色安康、红色课堂、红色实践三个主要栏目，在每个栏目下又设有二级栏目，红色安康下设：历史人物、历史事件、红色地标；红色课堂下设：红色故事、红色作品、红色歌曲；红色实践下设：校外实践活动、红色故事进校园（小学）、"不忘初心，牢记使命"。"安康微红"公众号自上线以来，通过平台让更多的人了解了安康及安康这块红色热土，同时宣传红色文化、传承红色基因、培育核心价值观，成为普及安康党史、传播红色文化和开展大学生红色教育的新阵地。通过公众号将红色文化融入大学生核心价值观培育是有效形式之一，可以帮助当代大学生在潜移默化中树立正确的核心价值观，还可以通过网络将优秀的文化分享给更多的人，让更多的人都享受到优秀文化的力量，为个人核心价值观的形成奠定基础。不过，像这样便捷的传播方式也存在着弊端，由于缺乏创新，大多数学生属于被动接受，缺乏主动性的同时也打击了学生接受红色文化的积极性。

红色文化融入大学生核心价值观培育路径

1. 编撰红色文化教材，加强红色文化教育，实现知行合一

编写红色文化教材，就是要在学生的心里种下爱党、爱国和爱人民的种子，让这些朴素的感情转化为学生们日常的行为和一生的理念。将红色文化编入教材，在保障学生深度吸收知识的同时又能突出地方高校的自身特色，让学生在学习的过程中不枯燥，提高学生学习的兴趣和积极性。安康作为革命老区，有着丰富的红色文化资源，作为安康市唯一一所本科院校，要深挖安康红色文化资源，推进安康红色资源进教材、进课堂、进头脑。同时，还要将教材内容与学生自身成长和具体生活实际相结合，有利于使大学生们在思想上产生共鸣，从而加深其对核心价值观的深刻理解。① 通过编撰本土红色文化教材，学生深入学习了解红色家谱、革命历史、先辈风范，增强对安康这片热土的认同感和亲近感，从而将红色火种播进青年学生心中，使红色教育入脑入心，培养青年学生向上向善的底色名片，实现社会主义核心价值观的知行合一。

2. 引导学生在体验中触动灵魂接受革命精神洗礼

思想政治教育的要义在于教育所传达的思想让受教育者接受并在社会实践中践行。② 实践是检验培育当代大学生核心价值观成效的根本标准。所以，从学校角度上需要高校创新教学方式方法，尽量多组织学生到当地开展红色文化行，使学生近距离感受红色文化，接受革命精神洗礼。利用重要时间节点和传统纪念日开展红色

---

① 纪安玲. 安康红色资源与大学生社会主义核心价值观教育 [J]. 安康学院, 2017 (3): 16—19.

② 张鹿峰, 云利孝. 红色, 不能淡化的颜色——读《他们是这样一群人: 开国战将经典史记》[N]. 解放军报, 2019-04-20 (08).

主题教育活动,组织学生深入"红军镇""革命遗址"等地,参观革命旧址、纪念馆、烈士陵墓,访谈当年战斗的见证者,记载大量的红色口述历史,将实践报告汇编成册,成为重要的史料文献。开展以"回顾历史,播种希望"为主题的红色文化体验活动,追寻红色记忆,播种绿色希望,自觉成为红色精神的守望者和践行者。通过多种形式的红色文化之旅,让学生在参与中体验,在体验中触动灵魂,进而自觉践行社会主义核心价值观。

3. 围绕红色艺术活动主题鼓励学生主动参与艺术创作

实践是能动地改造客观世界的物质活动,是价值活动以及价值关系产生的最根本基础,实践决定着主体价值观的生成、发展与实现,决定着主体价值观的基本指向,因而要特别注重实践活动,促成社会主义核心价值观的行为转化。[①] 当代大学生对被动的事情十分抵触和不满,要让他们成为主动者,使之前的被动学习变成主动探索。以艺术教育为抓手,围绕红色艺术活动主题,鼓励艺术类(美术学专业、音乐学专业)、教育类、汉语言文学类、网络新媒体类学生主动参与艺术创作。通过深入挖掘安康红色文化、紫阳红色民歌、三沈文化、廉政文化等资源,创作出能够体现陕南地域文化特色和陕南红军精神的舞蹈、声乐、美术、摄影和微电影作品,提升学生艺术文化品位,增强动手实践能力和服务社会水准。从而引导大学生树立正确的人生观、价值观,确立正确的择业观和就业观念。

4. 创新"安康微红"推送内容、形式吸引更多学生主动关注

教育思想的创新是时代的要求,是科教兴国的要求。实现中华

---

① 王学俭. 新时代如何培育和践行社会主义核心价值观[EB/OL]. http://www.rmlt.com.cn/2017/1218/2017/1218/506297.shtml.

民族伟大复兴，科技是关键，人才是核心，教育是基础。教育思想需要创新，"安康微红"微信公众号作为一种新型的教育手段也需要创新，这样才能充分发挥它的最大优势。

一是设置奖励机制，向全校大学生征集稿件。"安康微红"应设立一个邮箱，倡导全校大学生向邮箱投送与平台契合的稿件，经教师审核符合平台栏目且质量高的稿件，在平台上推送，设置奖励机制，被推送同学的稿件可作为素质拓展加分依据，这样有利于鼓励全校大学生共同参与，对于微信公众平台可以达到宣传和吸纳人才组建团队的作用。二是在推文中设置有奖竞猜活动。随机在推文中加入关于中国优秀传统红色文化知识或是关于大学生核心价值观的知识，回答正确者可以积一分，累计分数达到 20 分，可以获得精美奖品一份，这样不仅可以增加文章的阅读量，还可以提高学生关注的积极性。三是在推文中加入专业课知识，促使学生的专业能力得到提升。以马克思主义学院学生为例，在结合安康红色文化的同时加入关于《马克思主义基本原理概论》课程的相关知识点，还有自己的见解，这样做的目的是让学生们在了解红色文化的同时又紧密联系课本知识，有利于提升专业水平。只有这样，才可以帮助当代大学生构建科学的核心价值观，有利于引导大学生坚定跟党走，自觉传承红色基因，促进大学生成为中国特色社会主义事业合格的建设者和接班人。

◎ 2019 年国家级大学生创新创业训练计划项目"利用红色资源开展大学生红色基因传承教育调查研究"成果（编号：201911397024）

◎ 陕西省教育厅 2019 年教学改革项目"基于红色微平台的地方高校思政课实践教学实现途径创新研究阶段性成果（编号：19BY121）

红色文化的思想政治教育价值及实现路径

◎ 徐燕子　纪安玲

红色文化中蕴含着宝贵的精神财富,为思想政治教育提供了丰富的源泉和深厚力量,是高校思想政治教育的源头活水。红色文化在与高校思想政治教育紧密结合,为高校实现思想政治教育目标带来积极影响的同时,也存在着一些问题。应开设相关红色文化课程、增强学生专业素养;开展校园红色主题文化活动,激发学生兴趣、拓展学习渠道;线上线下传播机制结合,使传播途径综合化。以及参观当地红色文化基地,将红色资源最大效率化;围绕主题进行社会实践活动,从中感悟红色文化力量;开展红色文化宣讲活动,播撒红色文化的种子。通过横向渗透与纵向实践结合提升教育的实效性。

红色文化的内涵及其特征

(一) 红色文化的内涵

文化是民族生存和发展的重要力量,是一个国家和民族的灵魂,更是凝聚民族精神的纽带。红色文化是中国共产党以马克思主义为指导、吸收中外优秀文化创造的先进文化,代表了中国共产党人和广大民众不惧牺牲、拼搏进取、奋斗不息的伟大精神,蕴含着不断推动社会进步和"敢教日月换新天"的理想信念,不仅是中国人民价值观念体系中的重要组成部分,更是凝聚国家力量和社会共识的重要精神动力。[①] 因此,红色文化为思想政治教育提供了丰富

[①] 韩延明. 红色文化与社会主义核心价值体系建设研究 [M]. 北京:人民出版社, 2013.

源泉和深厚力量。

(二) 红色文化的特征

从红色文化的内涵中可以得出红色文化的特征：一是红色文化是由中国共产党人、积极分子和人民群众共同创造的，因此红色文化具有鲜明的民族性；二是红色文化中蕴含着伟大的革命精神和文化精神，因此红色文化具有革命性和先进性；三是红色文化中蕴含着与时俱进的理想信念，因此红色文化具有时代性。由此可见，红色文化的内涵不是一成不变的，而是随着经济发展和社会进步不断丰富发展的。

红色文化的思想政治教育价值

文化是人民群众的社会生活所得，反过来又指导和规范着人们的社会生活。"红色文化"作为民族文化的重要组成部分，蕴含着丰富的革命精神和厚重的历史文化内涵，具有丰富的教育价值。思想政治教育是以人类思想品德形成发展规律为遵循依据，通过运用思想、政治、道德等观点，对人类形成一定影响，从而培养与我国社会发展所需相符人才所展开的社会实践活动。思想政治教育是落实立德树人根本任务的关键。[①] 在思想政治教育过程中，充分发挥红色文化的教育作用，对于当代大学生而言，能够加强自身思想建设，增强对红色精神的认同和理解，进而引导其做有理想、有追求、有担当、有作为、有品质、有修养的"六有"大学生，为实现中华民族伟大复兴贡献青春力量。

---

① 陆明.教育信息化2.0时代高校思想政治教育改革创新发展研究[J].中国电化教育，2020（11）：134—139.

(一) 红色文化有利于培养大学生树立正确的价值观

价值观,是基于人的一定的思维感官之上而做出的认知、理解、判断或抉择,也是人认定事物、辨别是非的一种思维或价值取向。大学阶段是大学生形成价值观的重要阶段,随着科技和信息的快速发展,大学生在学习过程中,各种各样的社会思潮以及多元化的价值观通过各种渠道呈现给大学生,致使他们容易受到各种思想文化的冲击,从而影响自身思想的健康发展。因此,引导和帮助大学生树立正确的价值观是非常有必要的,学习红色文化是重要途径之一。通过学习红色文化,能够提高大学生的思想文化素养,增强精神力量,从而使其更加坚定自己的理想信念,树立正确的价值观念。

(二) 红色文化有利于提高大学生对民族文化的认同感

民族精神是一个民族赖以生存和发展的精神支撑,是一个民族生命力和凝聚力的重要体现。中华民族精神生长于中华民族数千年的文明历程中,最终凝结在爱国统一、团结奋斗、勤劳勇敢、自强不息十六字中。民族精神中蕴含红色文化,红色文化彰显民族精神,二者互为依存。红色文化作为民族精神的物质载体,对民族精神的传承和发扬具有重要作用。将红色文化与思想政治教育相结合,通过系统、全面的学习,发挥红色文化的教育功能,使大学生明白传承红色文化的意义,将理论与实践相结合,加强大学生对中华民族精神的理解,有利于提高大学生对民族文化的认同感,进而坚定思想信念,以史为鉴,发愤图强。

红色文化在思想政治教育过程中的问题

任何事物在发展的过程中,都不会是一帆风顺的。同样地,将红色文化融入思想政治教育的过程中也存在一些问题。

(一) 部分大学生对红色文化的认同感较低

随着社会的进步、科技的发展,生活节奏越来越快,人们为了适应快节奏的生活,无论是在接受知识还是对待生活方面,都呈现出快而浅的趋势,比如快餐式的生活、浅阅读等。科技的发展使得红色文化的传播方式和渠道变得多样化、全面化,但是这也使得部分学生在阅读和学习的过程中面对众多纷繁的资料无从适应,不能静下心来认真研究红色文化的深层内涵,对红色文化的理解浅尝辄止,长此以往,难以形成系统化的认知,这在很大程度上不易于大学生对红色文化形成全面、深刻的理解。除此之外,互联网将整个世界联系为一个整体,通过互联网,人们可以跨越时空的局限性,收集、分享信息和资源,也可以自由地发表一些自己的看法和观点,但在其中既有积极向上、乐观正义的文化内容,同时不乏有诋毁革命英雄、歪曲历史事实的内容,如果大学生不能正确区分、辨别,将会对自我认知产生极其不利的影响。因此,必须要重视加强大学生辨别文化的能力教育,引导他们增强对红色文化的认同感,挖掘红色文化的教育价值,逐步走向积极的人生道路。

(二) 部分高校红色教育传播内容传统且缺乏新颖性

高校作为传播红色文化教育基地,要发挥好其教育功能。但是高校在进行思想政治教育过程中,仍存在一些问题。一方面,教育传播机制形式比较单一,大多数高校仍是以课堂教学为主,课堂教学作为系统性、理论性的教学方式，一直以来都是教学传播的主要传播机制，但是思想政治教育本身具有高度理论性的同时，其思想也是随着时代的发展在不断更新中。因此，单一依靠课堂教学这种学习方式，虽能够夯实学生的理论知识，但同时也有缺点，即难以吸引学生的学习兴趣，导致学生的学习动力不足，进而影响学生的学习效果。另一方面，在思想政治教育过程中传统教学内容占比仍然较大，但是随着信息时代的不断发展，过于久远的历史事件已经难以引起学生的情感共鸣，学生在学习的过程中很难站在当时的历史角度去思考、理解当时特定环境背景下的历史事件，这会使得学生在学习的过程中降低其主观能动性，进而影响自身的学习；同时思想政治教育本身就是要求具有高度的时效性，时效性是思想政治教育的一大特点，一味抓着过于久远的历史事件，容易与现实生活脱节，因此难以实现思想政治教育效率最优化。

红色文化融入高校思想政治教育的路径

红色文化记载了中国共产党为人民利益而奋斗的历史，也昭示了"只有社会主义才能救中国、只有中国特色社会主义才能发展中国"的真谛。用红色文化对新时代大学生进行红色教育，是落实高校立德树人根本任务的时代要求。如何把习近平总书记强调的"把红色资源利用好、把红色传统发扬好、把红色基因传承好"[1]，已经成为时代赋予的新使命和新课题。

---

[1] 湖南日报评论员. 传承红色基因 接续伟大征程[N]. 湖南日报, 2018-07-01(01).

(一) 横向渗透——高校建立健全红色文化传播机制

1. 开设相关红色文化课程,增强学生专业素养

学习专业知识,对于大学生而言是最基础也是最重要的。高校要将思政课的价值与红色文化价值结合起来,发挥好课堂教学主渠道的作用。习近平总书记在全国高校思想政治工作会议上指出,要用好课堂教学这个主渠道,思想政治理论课要坚持在改进中加强,提升思想政治教育的亲和力和针对性,满足学生成长发展需要和期待。① 因此,高校开设相关的红色文化课程,让红色文化走进课堂,让学生从理论层面理解什么是红色文化,为什么要学习红色文化,以及学习红色文化有何意义等。通过专业化、系统化的学习,能够提高大学生对红色文化的理解深度,明白自己学习红色文化的重要性,但开设课程不是目的而是途径,通过这一途径让学生能够对红色文化有一个正确、全面、深度的理解。

2. 开展校园红色主题文化活动,激发学生兴趣、拓展学习渠道

定期开展形式多样的红色主题文化活动,激发学生兴趣、拓展学习渠道。如举办"中国共产党革命精神展"。中国共产党自成立起,就培育形成了一系列展现中国共产党人精神风貌的革命精神,构成了党的特有精神标识和红色基因,为中华民族精神注入了丰富的内涵和正能量。再如,播映"系列红色电影"。作为红色文化的重要组成部分,红色经典影片用饱满的情绪表达,还原了中国共产党领导中国革命、建设与改革的真实历史场景,对在革命战争年代形成的英勇无畏、誓死不屈、坚定信念的革命精神,对社会主义建

---

① 习近平在全国高校思想政治工作会议上强调:把思想政治工作贯穿教育教学全过程开创我国高等教育事业发展新局面 [N]. 人民日报, 2016-12-09 (01).

设和改革时期形成的艰苦奋斗、实事求是、开拓奋进、勇于实践的奋斗精神，以及对新时期弘扬以爱国主义为核心的民族精神和以改革创新为核心的时代精神作了精彩的演绎，① 是新时代思想政治教育的生动教材。

3. 线上线下传播机制结合，使传播途径综合化

要实现教育兴国，教育手段必须要"与时俱进"，将传统传播机制与现代传播机制相结合，使红色文化传播途径变得综合化，大学生可以通过多种形式接受红色文化，如安康学院马克思主义学院创立的"安康微红"微信公众号，是顺应时代发展要求，呼应当代大学生特点而应运而生，以搜集整理安康红色史实、创新思政课实践教学载体、实现思政课程与课程思政同向同行的专业传媒平台。旨在讲好安康地方红色故事，宣传红色文化、传承红色基因、培育核心价值观，培养合格建设人才，是传播红色文化的新窗口和开展大学生红色教育的新阵地。通过"互联网+"，实现了线上线下双管齐下，让学生感受到红色文化的熏陶，有效拓展了大学生接受红色文化教育的途径。

（二）纵向实践——高校多样化开展红色文化主题社会实践

1. 参观当地红色文化基地，将红色资源最大效率化

我国国土面积广大，每个地区都有自己独特的红色资源，红色资源展现了革命先辈的高尚品德，在增强大学生对个人层面的价值

---

① 朱成山，周本卫. 用红色文化筑牢立德树人之魂[EB/OL]. http://news.cssn.cn/zx/zx_gx/news/201907/t20190726_4939602.shtml.

准则的认同上有着示范作用。[①] 对大学生而言，红色教育基地是领略和感受红色文化最直观的场所，是传承红色基因最有效的实践途径。充分利用爱国主义教育基地，能够帮助大学生从重大历史事件和优秀文化遗产中，从中国共产党领导人民浴血奋斗历程中，从民族英雄、革命领袖、先进人物的成长中，增强爱国情感，确立远大志向，规范行为习惯，提高基本素质。[②] 高校应根据所处地区，挖掘当地红色教育基地资源，将参观学习红色教育基地作为必要的教育主题活动。

2. 开展红色主题教育实践活动，创新实践育人方式

社会实践活动是课堂教育的延伸，对教育起着重要的辅助作用，能够让学生的理论知识外化于行，从实践中获得认识，从实践中检验认识，进而提高自身的知识水平和真正受到教育。遍布全国的红色文化遗址、遗迹，无声地诉说着无数革命先烈可歌可泣的动人故事，见证了中国革命、建设、改革的伟大历史进程，是思想政治教育实践教学的流动课堂。充分利用红色资源开展革命传统教育，用红色精神和红色文化感染人、鼓舞人、激励人、引导人。思政课教师与各二级学校辅导员应定期组织学生开展"红色基因代代传"主题教育实践活动，寻访红色记忆、调研精准扶贫、走访会议会址、采访专家学者等社会实践活动，使学生在实践中成为红色文化的自觉弘扬者和传播者。

3. 开展红色文化宣讲活动，播撒红色文化的种子

大学生既是红色文化的学习者，也是红色文化的传播者，在学

[①] 纪安玲. 安康红色资源与大学生社会主义核心价值观教育［J］. 安康学院学报，2017，29（03）：16-19＋24.
[②] 徐功献，温艳红. 大学校园红色文化在思想政治教育中的价值［J］. 浙江理工大学学报（社会科学版），2019，42（02）：188—194.

习和传播过程中更深刻、具体地认识红色文化的内涵,这种方式对提升大学生的思想政治、道德、文化素质都有重要的促进作用。开展红色宣讲活动,让红色文化走进中小学校园,从而播撒红色文化的种子。通过大学课堂与中小学课堂相互对接的方式,使学生们在互动中传承红色基因,引导中小学生树立远大理想,培养积极乐观向上的爱国主义精神。大学生宣讲时深受红色文化、革命精神的熏陶,同时,也把这种精神文化传递给了更多的人。通过红色文化宣讲活动,增强了大学生的责任意识和服务意识,扩大了红色文化的影响力和红色基因的传播力。大学生通过宣讲红色故事、开展红色交流等互动形式,更好地传承红色文化,传播正能量,从而实现政治理论课的"下沉"和"接地气"。

作者简介

纪安玲,女,汉族,1965年出生于陕西省安康市汉滨区,中共党员,副教授,安康市委党史学习教育宣讲团成员。毕业于陕西师范大学思想政治教育专业,供职安康学院马克思主义学院,主要研究方向为红色文化与思想政治教育。长期从事高校思想政治理论课教学科研工作,曾参与并完成国家社科基金项目1项、教育部高校思想政治理论课教师研究专项1项,参编人民出版社专著《大学生思想政治工作专题研究》,承担三部党史《中国共产党陕西安康历史》第二卷(1949—1978)《中国共产党陕西旬阳历史》(1921—1978)《中国共产党陕西岚皋历史》(1921—1978)相关章节的编纂工作。

主持并完成陕西省教育厅教改、科研、教工委科研,陕西省社科联科研及校级科研、教改项目计16项。以第一作者在《宁波大学学报》《西安文理学院学报》《宝鸡文理学院学报》《安康学院学报》等省级刊物发表论文30多篇,在红色文化与思想政治教育方面多次获得安康学院思想政治教育研究成果奖、教育教学成果奖,2021年获得安康市优秀党员称号。"安康微红"微信公众号创始人,立足地方红色文化资源,用学生喜欢的方式传播红色文化,弘扬革命精神。

内容简介

本书的作者是一线思想政治理论课教师，长期从事高校思想政治理论课教学科研工作，围绕自身的研究方向"红色文化与思想政治教育"进行了不懈的探索。连续指导大学生围绕"追寻红色足迹传承红色基因"开展暑期"三下乡"社会实践活动，将丰富生动的红色文化资源作为自己指导大学生创新创业项目的主旨与主线，连续指导4项国家级、1项省级项目。

本书是在历时四年的研究基础上写成的著作。包括绪论、红色文化资源概述、红色文化资源的表现形态、陕西红色文化资源概述、陕南红色文化资源概述、陕西红色文化资源融入思想政治教育的重要性、陕西红色文化资源融入思想政治教育现状、陕西红色文化资源融入思想政治教育路径等八个方面的内容以及附录（以"安康微红"为载体探索的实证研究）。

本书吸收和借鉴中共党史、思想政治教育、传播学、社会学等学科的理论知识，从多维角度分析红色文化资源融入高校思想政治教育问题，着重收集和分析有关陕西、陕南红色文化资源的档案资料、地方县志、党史资料汇编、政策文件等，包括文字资料、遗址遗迹及文学影视作品等。在大量查阅文献和系统总结的基础上，先后深入陕西革命老区、特别是陕南革命老区进行实地走访和调研，深入挖掘红色文化资源，拓展丰富了学科研究领域和研究内容。提出的陕西红色文化资源融入高校思想政治教育的对策建议具有实践价值，为增强红色文化资源融入高校思想政治教育的针对性和实效性提供指导。